Für Frau Monica Kingreen
in herzlicher Verbundenheit
auf dem Weg der Versöhnung

Gerhard Zimmermann
1. Juli 2014

Gerhard Zimmermann

Die größte Bettlerin des Jahrhunderts

Charlotte Petersen und ihr Kampf für die Überlebenden des KZ Wapniarka

Mit einem Vorwort von
Günter Bernd Ginzel

Charlotte Petersen: „Ich wollte in Israel eine Möglichkeit finden, ein wenig von der deutschen Schuld abzutragen.“

Die größte Bettlerin des Jahrhunderts

Charlotte Petersen und ihr Kampf für die Überlebenden des KZ Wapniarka

Mit einem Vorwort von
Günter Bernd Ginzel

Verlag Albrecht Thielmann

Über Politik und Moral

Die deutschen Verbrechen an den Juden sollten nach dem Holocaust mit Entschädigungszahlungen gesühnt werden. Den Opfern in Israel sollte geholfen werden. Am 10. September 1952 hatte Adenauer Israel im Luxemburger Abkommen hohe Entschädigungszahlungen zugesichert, aus einer „zwingenden moralischen Verpflichtung" heraus. Dem Vertrag waren zähe Verhandlungen im Kabinett vorausgegangen. Die westdeutsche Bevölkerung verfolgte Adenauers Vorhaben skeptisch. Nach einer Umfrage des Instituts für Demoskopie in Allensbac h erachteten 44 Prozent der Bundesbürger Wiedergutmachungszahlungen an Israel für gänzlich „überflüssig". Erst in den achtziger Jahren waren die lange zurückgehaltenen Kabinettsprotokolle zugänglich und jetzt wurde offenbar: Nur aufgrund des Drucks der USA war Adenauer zu den Wiedergutmachungsverhandlungen bereit gewesen. Also auch „zur zwingenden moralischen Verpflichtung", die er im Kabinett ganz anders begründet hatte: In der Kabinettsitzung am 17. Juni 1952 verwies Adenauer auf das Verhältnis Westdeutschlands zu den USA und sagte, der „ergebnislose Abbruch von Verhandlungen mit Israel würde die schwersten. politischen und wirtschaftspolitischen Gefahren für die Bundesrepublik heraufbeschwören".

aus: Der Spiegel vom 18.3 2013

Die Überlebenden von Wapniarka waren
von der deutschen Hilfe ausgeschlossen.

Dieses Buch konnte veröffentlicht werden,
weil es gefördert wurde durch:

Evangelische Kirche in Hessen und Nassau
Gesellschaft für Christlich-Jüdische Zusammenarbeit Dillenburg e.V
Buber- Rosenzweig-Stiftung Bad Nauheim
Sparkasse Dillenburg

Titellbild & Foto Charlotte Petersen (S. 73): Stadtarchiv Dillenburg
Fotos alte Dillenburger Ansichten (S. 33, 35, 46, 47, 49, 50) und
Fotos Exkurs: Archiv Jürgen Klingner (Dillenburg)
Foto Charlotte Petersen (S. 2, 68, 71): Broschüre ‚Recht und
Gerechtigkeit', Nürnberg 1990
Foto Martin Buber (S. 40): Wikipedia
Fotos Hilda & Gustav Heinemann (S. 13, 60): Friedrich Ebert-Stiftung

Grafik auf dieser Seite: Ernst Vollmer
Layout und Satz : Carsten Müller
Umschlaggestaltung: David Schultze
Druck und Bindung: Orthdruk Bialystok (Polen)

ISBN 978-3-9813197-3-6

Inhalt

Vorwort

Gedanken eines jüdischen Nachgeborenen
von Günter Bernd Ginzel

Charlotte Petersen zählte im biblischen Sinne zu den „Gerechten“. Ohne sie hätte unsere Welt wohl kaum Bestand. Als ein Kind, das in einer kleinen jüdischen Gemeinde von Überlebenden aufgewachsen ist, habe ich sehr bald die Bedeutung dieser alten rabbinischen Vorstellung begriffen. Alle hatten Schlimmes zu erzählen. Wie viele Geschichten über Verrat, oft durch die vermeintlich besten Freunde, habe ich über die Jahre gehört – auch wenn sie meist nicht für meine Kinderohren gedacht waren. Menschen, die buchstäblich gebrandmarkt waren, traumatisiert durch die Verfolgung, die Demütigungen und natürlich durch den Verlust so vieler geliebter Menschen. Wem konnte man noch, wieder, vertrauen? Wie neue Lebenskraft und Lebensfreude entwickeln, lebten wir doch inmitten derer, für die die „Endlösung der Judenfrage“, die Deportation der jüdischen Nachbarn kurzzeitig der Glücksfall in ihrem Leben war. Wie groß war die Gier nach Bereicherung. Selbst die Führungsspitze der NSDAP, die für all das verantwortlich war, reagierte angewidert auf die sich um jüdische Besitztümer, Geschäfte, Wohnungen, Möbel, prügelnden Parteigenossen.
Kann man sich vorstellen, wie es sich anfühlt, an der Hand der Mutter durch Kölns (oder eine beliebige deutsche) Innenstadt zu gehen und von Menschen zu hören, die jenes Geschäft gegründet, aufgebaut hatten, diesen Handwerksbetrieb geführt, jene Praxis, Kanzlei aufgemacht hatten – und deren Existenz und Leben binnen „tausend Jahren“ vernichtet wurde. Das bleibend Furchtbare und Unerklärliche ist, sie alle, die vielen jüdischen Opfer, waren, wie es heute heißt, integriert, keine „Fremden im eigenen Land“, sondern glückliche und anerkannte Mitglieder der Gesellschaft, aktiv vom Karnevalsverein bis zur Freiwilligen Feuerwehr. Wie stolz

waren die Männer auf ihre Kriegsauszeichnungen, wie sehr waren sie überzeugt, dass sich das Gute in den Deutschen auch unter Hitler durchsetzen werde.
Das Gute..., ja auch davon und von den Guten wurde uns Kindern erzählt. Mit leuchtenden Augen und voller Wehmut. Ja, einige wenige gab es: Die sprichwörtlichen Leuchten im Dunkel.
In mir brannte bald eine Sehnsucht nach diesen Gerechten, denen die überlebenden Juden rhetorische Denkmäler setzen, die uns Kinder vor einer Abschottung gegenüber der nichtjüdischen Umwelt bewahrten.
So war es kein Zufall, bereits als Student in den Deutschen Koordinierungsrat der Gesellschaften für christlich-jüdische Zusammenarbeit kooptiert, dass ich bald Menschen wie Charlotte Petersen begegnete. Es waren jene Zeiten, als Juden wie Christen den Neuanfang versuchten - beide davon überzeugt, dass es einen Sinn haben muss, überlebt zu haben. Eine Aufgabe lag vor ihnen, die zu erfüllen war im Namen all derer, die ermordet worden waren: Antwortet nicht mit Hass! Gedenket der Gerechten, um derer willen einst der Allmächtige Abraham versprochen hatte, dass nur eine Handvoll von ihnen die Masse der Sünder retten würde.

Charlotte Petersen, die Gerechte, zählte zu jenen, die Deutschland nach dem „Zusammenbruch" retteten. Sie waren die Lichter, die anfangs in der deutschen Gesellschaft nach Kräften negiert, einfach nicht zur Kenntnis genommen, doch den Opfern und deren Kindern bewiesen, neben der Erinnerung an all das Grauen gilt es auch die Erinnerung an jene kleinen Heldinnen und Helden zu bewahren. So wie die Evangelische Kirche in Deutschland nicht den Deutschen Christen des Dritten Reiches, die deutlich die Mehrheit stellten, sondern der Widerstandsbewegung der Bekennenden Kirche folgten, so suchte ein junger Mann wie ich die Begegnung mit Menschen wie Charlotte Petersen, die mir in gewisser Weise den rechten Weg aufwiesen, auf den wir uns als Christen und Juden nach Auschwitz zu machen hatten.

Und dann traf ich sie, die kleine, fast unscheinbare Frau mit ihrem deutschen Dutt, die mir sehr alt vorkam – bis sie lächelte. Welch eine jugendliche Spannkraft sprach da aus ihren Augen. Und dann erfuhr ich wieder neue Geschichten von jener Protestantin aus großbürgerlichem Haus in einer – mit Verlaub –Nazi verseuchten Gegend - die ohne Probleme der allgemeinen Massenhysterie widerstand, die sich einem Kreis der Bekennenden Kirche anschloss.

Heute mag man das kaum nachvollziehen, welche Rührung mich überkam, wie gern ich die Unnahbare in den Arm genommen hätte, als sie nebenbei davon erzählte, wie sie sich eines Tages, damals, in der dunklen Zeit, aufmachte, um nach ihrer jüdischen Freundin zu sehen. Wie sie da plötzlich vor deren Tür stand, einfach so, um zu schauen, wie es ihr und ihrer Familie geht. Um „Guten Tag" zu sagen. Die Ungläubigkeit der einen, die solches nicht mehr für möglich gehalten hatte und die Selbstverständlichkeit der anderen, die nur meinte: „Aber du bist doch meine Freundin. Was scheren uns die Nazis?"

Aber es blieb nicht bei der Erinnerung, beim Erzählen des Vergangenen. Denn das Erleben von damals zwang Charlotte Petersen zum Handeln in der Gegenwart. Die Geschichte ist bekannt und wird in diesem Buch wunderbar erzählt. Wie sie mit der ersten Delegation evangelischer Frauen nach Israel fuhr, wie diese Frauen danach suchten, etwas zu tun, ein Zeichen gegen das Böse von Gestern zu setzen.

Und so wurde diese kleine, zierliche Frau zur Gründerin eines Hilfswerks, zur guten Fee der zahllosen vergessenen Opfer des KZ Wapniarka. Welche Dankbarkeit bei jenen, die gezwungen worden waren, eine giftige Nahrung zu sich zu nehmen, die sie zum unheilbaren Siechtum für Jahre, für Jahrzehnte nach der Befreiung verdammte…

Ich habe erlebt, mit welcher Energie sie um Gelder und Spenden kämpfte, wie sehr sie sich für jeden Einzelnen einsetzte, wie sehr sie litt, dass sie nicht mehr tun konnte. Später sollte sie noch einer weiteren Opfergruppe helfen. Den Frauen, die

KZ-Arzt Mengele in Auschwitz sterilisierte, an denen er seine berüchtigten Menschenversuche verübte.
Die Hilfe war in all diesen Fällen hoch willkommen (und notwendig). Aber jenseits des Materiellen war es ihre Liebe und Zuneigung, dieses Beispiel für das Gute, das überleben wird, um weiterhin Gutes zu bewirken, das beeindruckte. Mehr noch wie einst beim Besuch ihrer jüdischen Freundin war es diese ihre Selbstverständlichkeit, dieses aus dem Herzen und dem Glauben kommende Pflichtgefühl, das ihr sagte: Wenn ich es nicht tue – wer dann? Wenn nicht jetzt, wann dann?
Charlotte Petersens Leben und Wirken wie in diesem Buch festgehalten, möge es Ansporn und Ermutigung für uns sein, für eine gute, eine gerechtere, eine friedlichere Welt einzutreten.

Köln im Januar 2014

Die größte
Bettlerin des Jahrhunderts

1. Israelreise mit weitreichenden Folgen

Unverhoffte Möglichkeit, nach Israel zu reisen – Ein Wunsch geht in Erfüllung – Begegnung mit Pfarrer Magne Solheim und seinen Wapniarka-Schützlingen

Kleines, Sie können doch reden und sich so gut für diese Sache einsetzen, übernehmen Sie doch die Hilfsaktion!" sagte Hilde Heinemann, die Frau des späteren Bundespräsidenten Gustav Heinemann. Mit ‚dieser Sache' ist eine Hilfsaktion für die überlebenden Häftlinge des KZs Wapniarka gemeint.

Wie kam es zu dieser folgenreichen freundschaftlichen Aufforderung?

Dazu berichtet Charlotte Petersen: „Ein glücklicher Umstand wollte es, dass Ende der fünfziger Jahre in Dillenburg eine Judenchristin zu Gast war, die … in der evangelischen

Hilda Heinemann, die Frau des späteren Bundespräsidenten, war für Charlotte Petersen eine mütterliche Ratgeberin.

Kirche einen Vortrag hielt und jene Menschen besuchte, die sie während der Nazizeit versteckt hatten. Nach ihrem Vortrag über ‚Zehn Jahre Israel' unterhielt ich mich mit ihr und erfuhr, dass es doch eine Möglichkeit gab, nach Israel zu kommen; allerdings musste ich mich ganz rasch entschließen. In Bremen… gab es eine Studienrätin namens Dr. Lily Simon, die ‚Vierteljüdin' war, während des Krieges in England studiert hatte, in Israel an einer Schule tätig gewesen war und wegen eines Augenleidens zurück nach Deutschland kommen musste. Sie wollte eine Frauengruppe für einen dreiwöchentlichen Aufenthalt mit nach Israel nehmen."
Charlotte Petersen ergriff diese Möglichkeit und kam so zur Erfüllung ihres Herzenswunsches, Israel besuchen zu können und Kontakte dorthin zu schmieden. Frau Dr. Simon hatte die Reise so geplant, dass die Teilnehmerinnen privat untergebracht wurden. So erhoffte sie sich, dass Freundschaften entstünden. Das war der Fall. Sie hatten zum Teil noch nach Jahrzehnten Bestand. „Es waren drei Wochen, in denen wir allerlei Abenteuer zu überstehen und in denen wir viel erlebt und gelernt hatten, " schilderte Petersen die Umstände der folgenreichen Reise. Noch war die bittere Vergangenheit im tiefen Bewusstsein der Zeitzeugen.
Der Nationalsozialismus mit seinen ideologisch verbrämten Irrwegen und der daraus folgende Rassenhass, der sich vorwiegend gegen die Juden richtete, hatte die Ausrottung der Juden als Ziel. Der damit verbundene Arierparagraph sollte sie aus allen gesellschaftlichen Ämtern entfernen. Die systematisch betriebene Judenvernichtung war erst nach Kriegsende in ihrer Grausamkeit annähernd offenbar geworden. Der Holocaust mit seinem Ausmaß ließ die Größe der Schuld ahnen, die das deutsche Volk auf sich geladen hatte.
Viele Überlebende zog es nach Israel. Sie hofften, in dem 1948 entstandenen Staat Israel eine neue Heimat zu finden. Das war nur zu verständlich. Für viele Christen eröffneten diese Ereignisse Wege zu einem neuen Denken. In der Evangelischen Kirche war das Schicksal Israels, das Verhältnis

der Christen zu den Juden vordringlich geworden. Während der Naziherrschaft hatte es weitgehend an einer eindeutigen Haltung zugunsten jüdischer Mitbürger gemangelt. Selbst getaufte Juden konnten nicht damit rechnen, durch ihre Kirche Hilfe zu erhalten. Die meisten wurden schmählich im Stich gelassen.
Es waren einzelne Christen, die sich für Juden eingesetzt hatten. Andere hatten unter den Verhältnissen gelitten. Dazu gehörte Charlotte Petersen. Davon wird noch zu berichten sein. Zur greifbaren Möglichkeit, im Heiligen Land biblische Stätten aufzusuchen, gesellte sich der Wunsch, durch eigene Anschauung sich ein Bild von der politischen Lage machen zu können.
Hilda Heinemann und Charlotte Petersen, die - wie sie später gerne betonte - an den Verlauf dieser Reise große persönliche Erwartungen geknüpft hatte, waren sich einig, dass die Deutschen unaufschiebbare Pflichten gegenüber Juden hatten. Vorausgegangen war ihre grundlegende Einsicht in das vielerlei vergiftete Verhältnis der Christen zu den Juden. Als frühe Mitglieder der Bekennenden Kirche standen sie hinter dem 1945 in Stuttgart formulierten Schuldbekenntnis der Evangelischen Kirche:
„Der Rat der Evangelischen Kirche in Deutschland begrüßt bei seiner Sitzung am 18./19. Okt. 1945 in Stuttgart Vertreter des Ökumenischen Rates der Kirchen. Wir sind für diesen Besuch um so dankbarer, als wir uns mit unserem Volk nicht nur in einer großen Gemeinschaft der Leiden wissen, sondern auch in einer Solidarität der Schuld. Mit großem Schmerz sagen wir: Durch uns ist unendliches Leid über viele Völker und Länder gebracht worden. Was wir unseren Gemeinden oft bezeugt haben, das sprechen wir jetzt im Namen der ganzen Kirche aus: Wohl haben wir lange Jahre hindurch im Namen Jesu Christi gegen den Geist gekämpft, der im nationalsozialistischen Gewaltregiment seinen furchtbaren Ausdruck gefunden hat; aber wir klagen uns an, dass wir nicht mutiger bekannt, nicht treuer gebetet, nicht fröhlicher

geglaubt und nicht brennender geliebt haben ..."

Eine Lebensaufgabe annehmen

Wie gesagt, es war Charlotte Petersens stiller Wunsch, „in Israel eine Möglichkeit zu finden, ein wenig von der deutschen Schuld abzutragen." Dieser Wunsch sollte erfüllt werden.
Es ist kein Datum fest geschrieben, auch nicht bekannt geworden, wer zu jener folgenschweren Begegnung in Haifa den Anstoß gab: Eines Tages traf die Gruppe auf den norwegischen Pfarrer Magne Solheim, der sich um eine Gruppe ehemaliger Häftlinge aus dem Konzentrationslager Wapniarka kümmerte und dessen Anliegen es war, gerade dieser deutschen Reisegruppe die Not jener Menschen zu verdeutlichen und die Möglichkeiten für eine umfassende Hilfe zu erörtern und sie schließlich zu ermöglichen. Ausgerechnet diesen Vortrag hatte Charlotte Petersen versäumt-sie konnte sich unter dem Namen Wapniarka nichts vorstellen- und erfuhr erstmals auf der Rückfahrt ihrer Reise durch Hilda Heinemann von der Not der ehemaligen Wapniarka-Gefangenen. Hilda Heinemann machte sie durch Akten und Briefe mit deren Geschichte vertraut. Das Schicksal der Überlebenden wurde für Charlotte Petersen zu einer Initiationserfahrung: Sie erkannte eine große Aufgabe für ihr künftiges Leben und sie wollte sie annehmen.
Die Teilnehmerinnen trafen sich nach jener Israelreise in Bad Godesberg. Hilda Heinemann, hatte nach der Rückkehr wenig erfolgreich versucht, Hilfe für die Betroffenen von Wapniarka zu organisieren. Sie war sich mit Charlotte Petersen einig, dass etwas geschehen musste. Hilda Heinemann spürte, dass sie die Initiative für eine durchgreifende Aktion in andere Hände legen sollte. Hier kam es zu dem Zuspruch von Hilda Heinemann: ‚..Übernehmen Sie doch die Hilfsaktion'. Charlotte Petersen zögerte nicht lange. Es war die Gelegenheit, nach der sie ja in Israel gesucht hatte. In einem Interview für die Zeitschrift ‚Tribüne' erzählte sie jene wich-

tige Episode, die ihr Leben grundlegend verändern sollte. Die Folgen für die ehemaligen Gefangenen des KZ-Lagers Wapniarka waren schwere gesundheitliche Schäden. Ihre Lebensaussichten waren erheblich eingeschränkt. Solheim hoffte, dass durch eine Vermittlung von Hilda Heinemann den so schwer Belasteten eine Wiedergutmachung durch die Bundesrepublik zugestanden würde. Diese Hoffnung zerschlug sich. Hilda Heinemann aber und Charlotte Petersen waren sich darin einig, dass diesen so leidgeprüften Menschen wenigstens materiell geholfen werden sollte. So kam es zu der Wapniarka-Aktion, in der die Journalistin Charlotte Petersen die Öffentlichkeitsarbeit übernehmen sollte, während Hilda Heinemann mit ihren Verbindungen sie unterstützen würde.

Der Anfang des Hilfswerkes

Damals erschien die Gemeindezeitung UNSER WEG. Sie verband die Gemeinden im Visitationsbezirk Nordnassau der Evangelischen Kirche in Hessen und Nassau. Herausgeber war Propst Karl Herbert. Er hatte als Schriftleiterin die ihm durch die Bekennende Kirche bekannte Journalistin Charlotte Petersen gewonnen. Neben den Tageszeitungen, deren Lokalteilen ihre Mitarbeit galt, hatte sie mit diesem Organ die Möglichkeit, ihre Erfahrungen weiterzugeben. Der erste Bericht über die Begegnung in Haifa ließ nicht lange auf sich warten. Er war verbunden mit der Bitte, Spenden für die Wapniarka-Geschädigten auf ein Sonderkonto einzuzahlen. Es war der Anfang des Wapniarka-Hilfswerkes, das in den folgenden Jahren Bestand haben und sich umfangreich vergrößern sollte.

2. KZ Wapniarka

„Auf allen Vieren werdet ihr hinauskriechen, wenn ihr noch am Leben seid"

Aufklärung über das rumänisch geführte KZ Wapniarka, das kein Vernichtungslager zum fabrikmäßigen Töten war, wie die von Deutschen geführten KZ - Das andere Unglück der Überlebenden.

Wapniarka. Wer diesen Ort auf der Landkarte suchen will, muss weit in den Süden Europas gehen. Irritierend ist eine unterschiedliche Schreibweise: Wapniarka, Vapnjarka, VapnJarka, Vapnyarka. Sie zeigt die wechselnden Besitzverhältnisse durch Rumänien, dann die Sowjetunion, nach dem deutschen Angriff auf die UdSSR (1941) wieder Rumänien, das nach dem deutschen Angriff mit Nazideutschland paktierte. Später gehörte es zur Ukraine. Dies ist auch bis heute so geblieben. Wir übernehmen die erste Schreibweise, die sich vor allem auch durch das Wapniarka-Hilfswerk eingeprägt hat. Zwischen Bug und Dnjestr (, heute in der Ukraine gelegen,) finden wir Wapniarka, eine kleine Stadt, deren unrühmliche Vergangenheit durch das Konzentrationslager allerdings wesentlich mit der Zeit der Rumänienbesatzung zu tun hatte.
Wapniarka. Wir beschränken uns auf das Konzentrationslager, das 1942 von deutschen Soldaten in rumänische Verwaltung übergeben wurde. Nathan Simon, ein Überlebender, hat in seinem Zeugenbericht einen umfassenden Eindruck über das Lager und seine todbringenden Zustände vermittelt: „Ich sah mich um. Drei mächtige, zweistöckige Backsteingebäude, ein großer Hof, alles umgeben von einem hohen Stacheldrahtzaun mit nur einem einzigen Tor, neben dem, in einem hölzernen Unterstand, ein Wachposten jeden, der vorbei kam, streng kontrollierte. Den Zaun entlang ragten die Wachtürme auf, vorn denen Posten mit ihren Maschinenge-

wehren das Lager kontrollierten. Den drei Backsteingebäuden gegenüber stand ein kleineres, teilweise zerstörtes Haus, die einstige Küche mit Lagerräumen. Am Ende des Hofes befand sich die Latrine, eine lange Grube mit vierzig Zentimeter breiten Brettern darüber. So wie sie kamen. mussten die Häftlinge hier ihre Notdurft verrichten. Nur eine Schilfwand verbarg die eklige Örtlichkeit."
Simon schildert den Empfang der Häftlinge durch den Lagerkommandanten, Oberst Ilie Murgescu: „Als ‚Ansprache' hämmerte uns Murgescu die Lagerordnung ein, voll von Drohungen, beispielsweise, dass ein Fluchtversuch mit dem Tode durch Erschießen bestraft würde. Er schloss mit den Worten: ‚Auf zwei Beinen seid ihr in das Lager hereingekommen, aber wenn ihr noch am Leben seid, werdet ihr auf allen Vieren hinauskriechen.'" Die von ihm angekündigten' Lebensbedingungen' werden deutlich, wenn man bedenkt, dass sich hinter den Türen Räume ohne Fensterscheiben und Innentüren befanden, denen es an jeglichem Mobiliar mangelte, so dass die Häftlinge in der ersten Zeit gezwungen waren, auf dem nackten Fußboden zu liegen. Erst später konnten sie nach und nach Lagerstätten aus Holz bauen. Wenden wir uns jetzt der Ernährungslage zu, die Anlass und Beweggrund für das später gegründete Wapniarka-Hilfswerk wurde.
Bei den Hilda Heinemann und Charlotte Petersen vorgestellten Opfern aus dem KZ Wapniarka ging es um die Folgen dieser ‚Art' der Ernährung. Die Lagerinsassen waren mit der giftigen Lathyruserbse „Lathyrus sativus" ernährt worden, deren Verzehr Nervenlähmungen hervorruft. Lassen wir noch einmal den selbst betroffenen Nathan Simon berichten: „Zweimal täglich erhielten wir eine dicke gelbe Erbsensuppe, etwa vierhundert Gramm, und ein zweihundert Gramm wiegendes Stück Brot, das aus Spreu und etwas Weizen bestand. Es schmeckte bitter und lag schwer im Magen. Die Erbsen stammten aus einem Magazin der Russen, die sie zur Fütterung der Pferde verwendet hatten. Vermischt waren sie mit Hafer und anderen pflanzlichen Bestandteilen wie zum

Beispiel Spreu; nur hatten die abziehenden Soldaten alles mit Petroleum übergossen, um es ungenießbar zu machen. Trotzdem ließ der Kommandant die Erbsen in der Küche verarbeiten. Für uns Juden waren sie gut genug. Durch Kälte und schwere Arbeit waren wir ständig von Hunger gequält. Wenn möglich, forderten wir einen Nachschlag, und wenn etwas Brei übrig geblieben war, bekamen wir noch eine zweite Portion. Den in der Küche zubereiteten Erbsenbrei hatte der Wirtschafter in einem Fünf-Liter-Eimer zu holen. Zwar schmeckte das Zeug nach Petroleum, doch da es nichts anderes gab, schluckten wir es, Grimassen schneidend, hinunter. Der Hunger trieb es hinein."
Simon schildert dann, wie sich die ersten Symptome des Lathyrismus einstellten: „Nach etwa sechs Wochen Lageraufenthalt zeigten sich merkwürdige Phänomene. Aus den Blocks eilten Menschen, die sich mit einer Hand zuhielten, um auf dem Wege zur Latrine den Urin nicht zu verlieren. Nur wenige hatten damit Erfolg, die meisten machten sich in die Hosen. Bei der Kälte, ohne die Möglichkeit, die Klei-

Modell KZ Wapniarka

dung zu wechseln und zu waschen, liefen die Ärmsten nass wie die Säuglinge herum. Wir führten das auf das ungesunde Leben zurück, zu dem wir hier alle gezwungen waren, und beachteten es nicht weiter. Die eigenartige Harnwegerkrankung nahm zu. Immer mehr Menschen konnten das Wasser nicht mehr halten. Unverhofft meldete sich Avram Solomovici in der Krankenstation: Seine Beine waren gelähmt. Er war robust und sportlich gewesen, ein Fußballer von Makkabi Iasi, und jetzt abgemagert und schwach. Niemand konnte sich seine Erkrankung erklären. ...Nach etwa fünf Wochen Lagerleben geschahen merkwürdige Dinge mit mir. Beim Wasserlassen plagten mich äußerst schmerzhafte Muskelkrämpfe. Vor allem in der nächtlichen Kühle wegen des dünnen Bettzeuges. Ich musste häufiger als sonst die improvisierte Toilette aufsuchen und konnte nur unter Schmerzen die Blase entleeren.

Um den Darm zu entleeren, gingen wir möglichst in die Außenlatrine. Es war schon ein akrobatisches Kunststück, sich auf der Bohle über der Grube zu platzieren. Bei den meis-

KZ Wapniarka heute

ten von uns verursachten die Erbsen, die wir immer noch als Hauptnahrung erhielten, schwere Verdauungsstörungen. Wir litten unter fürchterlichen Blähungen. Nachts hörte das Gerenne auf die Kübel nicht auf…"

Eines Tages im Dezember stellte er an seinem Körper merkwürdige Veränderungen fest. In dieser Zeit war er als Schlepper von schweren Mehlsäcken eingesetzt, die er über zwei Kilometer weit tragen musste. Lassen wir ihn wieder selbst erzählen: „Zusätzlich zu den Schwierigkeiten beim Wasserlassen stellte sich eine gewisse Schwäche beim Gehen ein. Mir war, als sei der Boden, auf dem ich mich bewegte, mit Löchern übersät. Ich musste mich konzentrieren, um nicht zu stürzen. Anfang Dezember 1942 traten plötzlich Sehstörungen auf.

Es war gegen Ende Dezember, als wir uns wieder einmal auf dem Wege zum Markt befanden. Die Luft war bitterkalt, der Schnee knirschte unter den Füßen. Schon beim Hinweg konnte ich mit meinen Kameraden nicht recht Schritt halten. Ich nahm meinen ersten Sack entgegen und wollte so schnell wie möglich ins Lager zurück. Als ich ankam, war ich, trotz der eisigen Kälte und unzureichender Bekleidung, schweißüberströmt.

Bei den nun folgenden Wegen fühlte ich, wie eine ungekannte Mattigkeit meinen Körper befiel. Ich nahm meinen ganzen Willen zusammen, um weitermarschieren zu können. Es half nichts, ich musste den Sack absetzen, meine Kräfte hatten mich verlassen. Düstere Gedanken kreisten in meinem Kopfe. Wer im Lager krank wird, hat kaum eine Chance zum Überleben. Kalter Schweiß bedeckte meinen ganzen Körper, ich war völlig durchnässt, und der eisige Wind drang mir bis in die Knochen. Ich wusste auch, dass man verloren war, wenn der Überlebenswille schwand. Um Demütigungen, Angst, Hunger und Kälte widerstehen zu können, brauchte ich ihn unbedingt. Ich erhob mich und lud mir mit der letzten Kraft den Sack auf den Rücken. Mit übermenschlicher Anstrengung kam ich ein Stück Wegs weiter; doch plötzlich übermannte mich ein schreckliches Zittern, und ich hatte meinen Körper nicht mehr unter Kontrolle. Meine Knie gaben nach, ich fiel mitsamt dem Sack in den Schnee und verlor das Bewusstsein."

Dramatisch und zu Herzen gehend schildert Nathan Simon diese Verhältnisse im Lager, die immer stärker um sich greifenden Erkrankungen und die ernüchternde Erkenntnis, dass es sich bei den aufgetretenen Symptomen unzweifelhaft um eine schwere Krankheit handeln musste. Die Kameraden brachten ihn in die Krankenstation, wo ihn der Lagerarzt Dr. Keßler eingehend untersuchte. Während der Arzt ihn vertröstete, es werde alles wieder gut, hatte Simon das Gefühl, ihm werde etwas verheimlicht, was sein Leben bedrohte.

In der Krankenstation lagen circa zwanzig Häftlinge „mit unterschiedlichen Krankheiten wie Krebs, Tuberkulose, Geschwüren usw. Nur Avram Solomovici und Eli Stein hatten es mit den Beinen. Ich war der dritte mit dieser mysteriösen Krankheit. Bei vielen, wusste ich, zeigten sich schon seit längerer Zeit Anfangssymptome, doch so schlimm hatte es nur uns drei gepackt. Der Verlauf umfasste Blaseninkontinenz mit schmerzhaftem Wasserlassen, Wadenkrämpfe, Gehschwierigkeiten und schließlich Lähmung der Beine. Nur unter großer Anstrengung konnten wir mit Stöcken gehen."

„Nach ein paar Tagen häuften sich die Krankmeldungen. Täglich wurden mehr Häftlinge eingeliefert. Die meisten von ihnen waren junge Männer; doch konnten auch Ältere nicht sicher sein, nicht das nächste Opfer zu werden. Die Menschen waren verzweifelt, und die Ärzte hielten immer neue Besprechungen ab, um die Ursache der merkwürdigen Epidemie zu finden. Zunächst glaubte man, der Grund könne der Vitaminmangel sein, weil die ersten Kranken bereits eine mehr oder minder lange Gefängnis- oder Lagerhaft hinter sich hatten. Wer direkt aus der Freiheit hierher ins Lager gekommen war, schien immun gegen die Krankheit zu sein."

Damals erinnerte sich Dr. Keßler an einen Aufsatz, den er in einer medizinischen Fachzeitschrift gelesen hatte. In Indien

waren vor mehr als hundert Jahren während einer Hungersnot über hunderttausend Menschen verstorben, nachdem sie an Waldrändern wild wachsende Erbsen gegessen hatten. Gab es eine Verbindung zwischen der indischen und der im Lager verköstigten Frucht? Sie wurde Lathyrus sativus genannt. „Diese enthält ein Gift, das genau die Symptome im Körper hervorruft, wie wir sie an uns beobachten konnten. Plötzlich erinnerten wir uns an die Worte Murgescus: '... aber auf allen Vieren werdet ihr hinauskriechen!'"
Erst später wurde bekannt, dass vor jenen Ereignissen in diesem Lager achthundert bessarabische Juden nach dem Verzehr mit der Lathyruserbse verstorben waren. Sie waren nicht organisiert und der Willkür des Lagerkommandanten ausgeliefert gewesen. Nur wenige hatten die Vergiftung überlebt, waren aber seitdem Invaliden.
Dr. Keßler war intensiv um die Patienten bemüht. Wegen der Schädigung des Nervensystems durch die giftige Lathyruserbse verordnete er strenge Bettruhe. Es galt, die Kräfte zu schonen und weitere Schäden an Leben und Gesundheit zu verhindern. Das leuchtete den Patienten ein. Die Kälte nahm aber derartige Formen an, dass die Temperatur selten über null Grad stieg. Die Folge waren Erfrierungen, hauptsächlich der Zehen, die in einigen Fällen unter furchtbaren Schmerzen abfroren. Simon schildert die katastrophale Lage:
„Obwohl sich weibliche wie männliche Häftlinge um uns kümmerten, war die Situation im Krankensaal entsetzlich. Wir lagen auf vom Baukommando gezimmerten Liegen aus ungehobelten Brettern, deren Späne sich in unser Fleisch bohrten...Hier lieferte man jetzt schon täglich neue Patienten in die Krankenstation ein. Über Nacht waren sie in Wapniarka zu Krüppeln geworden. Die nahmen es leicht, weil sie hofften, bald gesund zu werden und wieder richtig gehen zu können."

Inzwischen stand die Diagnose fest. Die Ursache für die massenhaften Lähmungen waren eindeutig auf die Ernährung mit der Lathyruserbse zurückzuführen. Mitte Januar wurde eine Abordnung der jüdischen Gemeinde mit einigen Ärzten bei dem Kommandanten vorstellig. Sie überreichten einen ausführlichen Bericht, der die Ernährung mit der giftigen Erbse als Ursache der Erkrankungen feststellte; die Folgerung sei die offensichtlich gewollte Vernichtung der Häftlinge. Der Bericht wurde zurückgewiesen. Die Delegation ließ sich nicht abweisen, sondern forderte eine ärztliche Untersuchungskommission aus Rumänien an, die die über einhundertachtzig Erkrankten im Krankenrevier und die darüber hinaus Betroffenen in den Blocks untersuchen sollten. Der Kommandant weigerte sich, den Bericht anzunehmen und die Erbsenkost abzusetzen.
Obwohl Dr. Keßler die Folgen einer fortgeführten Ernährung mit der Lathyruserbse aus wissenschaftlicher Sicht erläuterte und die Verantwortung herausstellte, behauptete Oberst Murgescu weiterhin die Unschädlichkeit der Erbsen. Die Delegation musste erfolglos abziehen. „Damit war offenbar, dass es ihnen darum ging, den teuflischen Plan zur Massenvernichtung der Häftlinge weiter durchzuführen“, so das Resümee von Nathan Simon.
Die Folge war bemerkenswert. Der Gemeindevorstand des Lagers veranstaltete eine Versammlung und unterrichtete die versammelten Häftlinge über die bittere Wahrheit, „dass bei der Fortsetzung der Ernährung mit den giftigen Erbsen alle eines qualvollen Todes sterben müssten.“
Die versammelten Betroffenen beschlossen einen Hungerstreik, um eine Änderung der Ernährung herbeizuführen. Eine gefährliche Situation, die jederzeit als Meuterei ausgelegt werden und harte Bestrafungen nach sich ziehen konnte. „Da wir aber andernfalls an den Erbsen zugrunde gehen würden, nahmen wir diesen Kampf um Leben und Tod auf,“

so das Resümee, wie es Simon berichtet.
Der Hungerstreik erfolgte. Die Kommandantur wurde auch im Blick auf die Folgen verunsichert, drohte mit harten Maßnahmen und versuchte durch Alarmbereitschaft der dort stationierten Truppen und V-Leuten den Streik zu beenden. Ohne Erfolg.
Gleichzeitig gelang es dem Gemeindevorstand auf mancherlei Weise das Internationale Rote Kreuz, die öffentliche Meinung in Rumänien, unter den Partisanen, in Europa und Amerika für den Aufstand im Lager zu gewinnen. Da die Lagerärzte auch für Dienste außerhalb des Lagers geholt wurden, konnten sie mit ihren Kontakten nützlich sein.
Das Ende des Hungerstreiks beschreibt Simon so: „Nach einundzwanzig Tagen Hungerstreik traf tatsächlich eine Kommission ein mit Gheorge Alexianu, dem Gouverneur von Transnistrien, an der Spitze. Er sprach mit einigen Patienten der Krankenstation, sah die Situation der einhundertachtzig Gelähmten, darunter einige mit Brand an den Beinen, und die der über hundert anderen Kranken, die aus Platzmangel nicht in die Station hatten aufgenommen werden können. Alle hatten die für die Krankheit typischen Symptome… Später erschien eine zweite Kommission unter Dr. Balif, dem Chef des Socola-Krankenhauses in Iasi. Er untersuchte die Schwerkranken, so auch mich, und kam sofort zu dem Schluss, die Erbsen seien giftig und die Ursache für unsere Beinlähmungen.“
Ab jenem Zeitpunkt gab es statt der Erbsen getrocknete Früchte und Pferdefleisch. Von einer Veterinärstation in Wapniarka, die kranke Tiere zu überwachen hatte, wurde Fleisch von kranken, geschlachteten Tieren im Lager verarbeitet. Simons abschließendes Urteil: „Wir hatten gesiegt, doch um welchen Preis? Wir waren Gezeichnete, Krüppel für unser ganzes Leben!“

Ein menschliches Wunder und ein rumänischer Oberst retten die Überlebenden

Im Zusammenhang mit dem Hungerstreik wurde der unmenschlich handelnde Kommandant Murgescu abberufen. Nach dem Krieg wurde er hingerichtet. Der Nachfolger von Murgescu agierte noch brutaler. Er hieß Burdadescu und war ein Agent der Gestapo.

Er hatte andere Methoden, als sein Vorgänger, doch unter ihm ereignete sich ein menschliches Wunder: „Er hetzte einmal ukrainische Lagerinsassen auf uns- eine Art Lagerpogrom- um dann gegen uns eingreifen zu können. Als unsere Gegenwehr auf dem Höhepunkt war, erschien er mit einer Gruppe Wachsoldaten. Er befahl ihnen, auf uns zu schießen. Aber wie versteinert standen die Soldaten und rührten sich nicht. Niemand schoss. Jetzt drohte Buradescu mit dem Kriegsgericht wegen der Verweigerung der Befehle. Doch es half nichts, keiner bewegte sich. Diese Soldaten wurden an die Front versetzt."

Simon fragte sich, wie es zu diesem solidarischen Verhalten gekommen sein kann, dass die rumänischen Soldaten sich so gefährdeten und sich weigerten, Juden zu erschießen. Er kann nur auf die Wahrscheinlichkeit verweisen, dass die Soldaten erfasst hatten, dass hier gequält wurde, weil Menschen Juden waren. Und sie hatten diesen Mut. Vor dem Pogrom hatten die Juden öfter Kontakt mit diesen Soldaten aufgenommen.

Das Drama Wapniarka nahm erst ein Ende, als sich 1944 die russische Front näherte. Der zu dieser Zeit kommandierende Lagerkommandant Oberst Motora sollte der Retter der Gefangenen werden. Er wusste, dass die Deutschen den Krieg verlieren würden. Er hatte den Befehl des Innenministeriums, das Lager zu evakuieren. Entgegen dem Plan, mit dem Lager gen Osten zu ziehen, was für die Lagerinsassen den Tod durch die deutschen Erschießungskommando bedeutet hätte, organisierte Motora einen anderen Weg, der von der

Front entfernt, schließlich in Bukarest endete.
Der Bericht Nathan Simons ist ein persönlicher Lebensbericht und berücksichtigt weniger die damaligen politischen Verhältnisse, die jedoch keinen Zweifel daran lassen, dass hinter dem Zweck für das Lager Wapniarka der Einfluss und Plan der Deutschen stand, die Juden zu vernichten.

Was wurde aus Nathan Simon?

Charlotte Petersen schreibt im Vorwort zu seinem Lebensbericht: „Nathan Simon…gehörte zu den ersten, die ich bei der Arbeit des Hilfswerkes kennenlernte. Damals, vor mehr als dreißig Jahren, war er ein Mann von Anfang Vierzig, der von der verhängnisvollen Krankheit noch nicht allzu sehr geschädigt war. Er unternahm noch den Versuch, wieder in das Erwerbsleben hineinzukommen, und arbeitete kurze Zeit als Buchhalter. Da er bei der betreffenden Firma jedoch oft auf eine Trittleiter zu steigen hatte, um Akten von hohen Regalen zu holen, musste er diesen Versuch wieder aufgeben; seine kranken Füße versagten den Dienst. In der Folgezeit verschlimmerte sich diese Lähmung seiner Beine zunehmend, so dass an die Ausübung eines Berufes überhaupt nicht mehr zu denken war. In seinen letzten Jahren bis zu seinem Tode im Mai 1993 konnte sich Nathan Simon nur noch an zwei Krücken mühsam fortbewegen. Seine Beine waren so gelähmt, dass er - wenn er sich festhielt - gerade noch stehen konnte. Meistens saß er im Rollstuhl. Mit zunehmender Lähmung zog er sich mehr und mehr zurück und erfreute sich an dem, was ihm blieb, Malerei und Musik. Kinder sind ihm und seiner Frau versagt geblieben, eine Folge der Vergiftung in Wapniarka."

So beurteilte Lagerarzt Dr. Arthur Keßler den Lathyrismus

C. P. veröffentlichte einen Arztbericht vom Lagerarzt Dr. Arthur Keßler über die Leiden von Wapniarka,

hier im Auszug:
„… Die Ernährung bestand aus 400 Gramm einer Erbsenfrucht (Lathyrus sativus) und 200 Gramm ungenießbarem mit Stroh vermischtem Brot. Die unmittelbaren Folgen dieser Ernährung waren schwere Darmstörungen und Erschöpfungszustände. Alte Menschen starben an Erschöpfung. Furunkel und Schmutz führten zur Sepsis und Tode.
Nach zweimonatigem Genuss der giftigen Frucht entstand bei hunderten von Inhaftierten das Vergiftungsbild des Lathyrismus, tonische Muskelkrämpfe in allem Muskelgruppen, doch besonders in den Armen und Beinen. In den Nächten, zusammengepfercht bis uber 300 Personen in einem Raum, reihenweise in Fetzen gehüllt, ging ein Stöhnen und Klagen durch die Reihen. Die Gequälten erwachten durch den Schmerz und rieben die verkrampften Glieder…
Die nächste Giftwirkung betraf das Gefäßsytem. Die Beine wurden kalt und fleckig. Der Blutdruck stieg bei jungen Menschen auf abnorm hohe Werte. Bei Dutzenden bildete sich Brand an den Zehen und Füßen und eine Reihe starb am aufsteigenden Brand der Beine…“
Dr. Keßler berichtet weiter, dass nach dreimonatigem Genuß der Lathyruserbse bereits die ersten Lähmungen auftraten. Es ging dann sehr schnell – am 11. Januar 1943 waren zehn Personen gelähmt, am 17. waren es 66, bald darauf hunderte. „Die russische Winterkälte, der Mangel an Wasser, Kleidung, Decken und Medikamenten erforderte zusätzliche Opfer unter den hilflosen Krüppeln“.
Es ist aufschlussreich, dass sich in den Aufzeichnungen von Dr. Keßler auch die Bemerkung befindet, dass eine Umfrage unter der einheimischen Bevölkerung ergeben hatte, dass die Giftwirkung der Lathyruserbse bekannt war und dass die Leute den Genuss vollständig vermieden, ja, dass Versuche der Beimengung zum Futter für Schweine und Pferde bei Erhöhung des Prozentsatzes auf über 30 % zur Vergiftung des Viehs führte.
Dr. Keßler: „Unter den im Lande Israel befindlichen ehema-

ligen Lagerinsassen von Wapniarka gibt es eine Gruppe von Kranken, die im Lager zur Zeit der Massenerkrankung gelähmt wurden. Durch Operationen am Muskelapparat und äußerste Willensanstrengung bewegen sich diese Kranken mit Hilfe von Stöcken und bieten in ihrer merkwürdigen Art der Fortbewegung durch kreisende, tänzelnde Bewegungen ein trauriges Bild menschlicher Vernichtungswut. Ein anderer Teil ist in seinem Nervensystem, besonders in den Pyramidenbahnen des Rückenmarkes, dauergeschädigt.
Charlotte Petersen ergänzt: „Die neuesten medizinischen Untersuchungen haben ergeben, dass es bei dieser furchtbaren Krankheit einen Stillstand nicht gibt, sie schreitet fort, trotz allem, was medizinisch versucht wird. Lähmungen, Versteifungen, Kreislaufschäden nehmen bei jedem Patienten zu. Hinzu kommt noch grade bei den Gelähmten, die sich abquälen zu gehen, eine Schädigung der Wirbelsäule, die darauf beruht, dass diese Menschen gezwungen sind, ihre Füße zu schleppen und die Beine nicht normal bewegen zu können."
Gekürzter Abdruck eines Artikels von Charlotte Petersen unter der Überschrift „Die Leiden von Wapniarka", in Unser Weg, Jahrgang und Nummer der Ausgabe sind nicht mehr zu ermitteln.

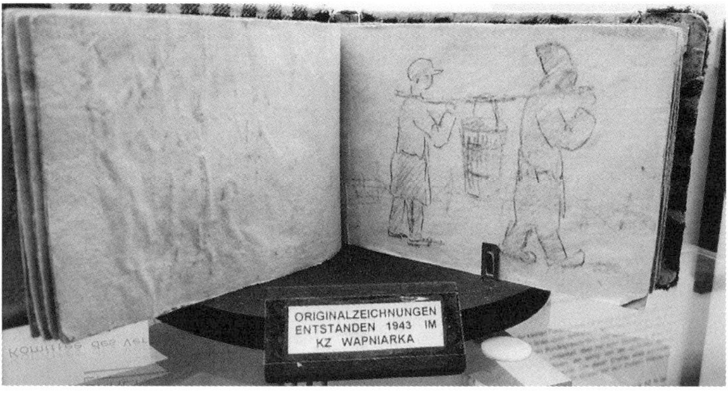

Originalzeichnungen, entstanden 1943 im KZ Wapniarka

3. Spurensuche: c. p. = Charlotte Petersen

Wer war c. p.? – Behütete Jugend in einem offenen Elternhaus – Mitgliedschaft in der Christdeutschen Jugendbewegung – Frühe Zuwendung zur Bekennenden Kirche – Reichspogromnacht 1938 - Der Wunsch, Schuld abzutragen - Wunscherfüllung

Die Suche nach biographischen Daten fällt im Blick auf Charlotte Petersen spärlich aus. Das hat seine Gründe. Ein Nachlass liegt nicht mehr vor. Er ist in Ahnungslosigkeit der Müllabfuhr übergeben worden. Von sich selbst zu sprechen, tat sie auch nur, wenn sie gefragt wurde. So gibt es einige Interviews mit ihr. (siehe Anhang) Wir sind darauf angewiesen, aus den wenigen noch vorliegenden Äußerungen Schlüsse zu ziehen, die am Ende die Persönlichkeit in ihrer Fülle erkennbar werden lassen.
Die kürzeste Zusammenfassung der wichtigsten Lebensdaten fand ich bei Otto Kammer: „Geb. 1904, 1923 Mitglied des christdeutschen Kreises in Dillenburg, 1927 Buchhandelsaus-

Villa der Familie Petersen

bildung, 1932 Verlagsbuchhändlerin in Berlin, danach Sorge für den kranken Vater in Dillenburg, 1948 Journalistin, Mitarbeiterin der ‚Wetzlarer Zeitung', 1959/60 Gründung und seitdem Leitung des Wapniarka-Hilfswerks, 1983 Hedwig-Burgheim-Medaille, 1990 Buber-Rosenzweig-Medaille, lebt in Dillenburg."
Versuchen wir, das Kürzel c. p.aufzulösen: Charlotte Petersen wurde am 11. Juni 1904 in Niederschelden, Kreis Siegen, geboren. Niederschelden ist heute ein Stadtteil von Siegen, bekannt durch frühen Eisenerzabbau. Der Vater Wilhelm wurde 1904 Direktor der in Niederschelden ansässigen Charlottenhütte. Die Betriebswohnung des Direktors befand sich in der Charlottenstraße 33. 1904, noch in der Blütezeit des industriellen Zeitalters, wurde der Direktorenfamilie das zweite Kind geboren. Die erste Tochter war auf den Namen Marie getauft. Nun wurde das zweite Mädchen Charlotte genannt, offensichtlich ein Bezug zum Lebensumfeld der Familie; der Vater Direktor der Charlottenhütte, die Wohnung

Altes Villenviertel mit Kurhaus

in der Charlottenstraße, und nun bereichert durch die kleine Charlotte, die das Glück der Familie vollkommen macht. Von der Mutter Hildegard, geborene Glatschke, erfahren wir leider nichts. Sie wird auch später durch Charlotte nirgends erwähnt oder gewürdigt. Die Kinder wachsen großbürgerlich, dadurch relativ isoliert, auf. Dadurch entsteht zwischen den Schwestern ein starker Zusammenhalt. Zur älteren Ma-

Erbsengasse mit Kindern

rie hatte die entscheidungsfreudige Charlotte lebenslang eine enge, aber nicht unproblematische Beziehung. Marie sollte später die Arbeit ihrer Schwester tatkräftig unterstützen. Beide Töchter wurden standesgemäß erzogen, in den ersten Jahren privat unterrichtet. Das war für das ganze Leben prägend; über die Nachteile hat sich Charlotte in entsprechenden Interviews geäußert: Es fehlten ihr die nötigen Kontakte zu Gleichaltrigen. In Niederschelden wurden sie als Außenseiter betrachtet. Die Vornamen Marie und Charlotte waren dort ungebräuchlich, veranlassten andere Kinder zu Hänseleien. Erst mit zehn Jahren öffnet sich Kontakt zu Kindern aus der Nachbarschaft, die zu Spielen in den großen Garten der Direktorsvilla eingeladen werden. Die Geschwister bleiben aber die Fremden, die anders als die Dorfkinder lebten. Charlotte hat das immer bedauert.
1920 zog nach der Pensionierung des Vaters die Familie nach Dillenburg und bezog das in der Gründerzeit großzügig gebaute Haus in der Rotebergstraße 6. Es diente der Familie als Wohnsitz. Beide ledige Schwestern lebten bis zu ihrem Lebensende in dem großen Anwesen, das nach ihrem Tod verkauft wurde und dessen Erlös ihres Anteils das Hilfswerk Wapniarka erbte.
In Dillenburg schloss sich Charlotte der Christdeutschen Jugend an. Der Christdeutsche Jugendbund ging zurück auf den Gießener Theologieprofessor Leopold Cordier, der die Ausrichtung seines Jugendwerkes so beschrieb:„...Wir stellen uns in den Dienst unseres Volkes..., aber wir sind nicht ‚völkisch', denn wir wissen, dass in der Ausprägung des Volkstums nicht die Erlösung liegt. Vor Gottes Augen ist das Deutschsein auch nur ein Übergang...Um unsere religiös-kirchliche Aufgabe zu erfüllen, steht für uns heute das Ringen um Bibel und Bekenntnis im Vordergrund." Diese Verbindung blieb prägend für das Leben Charlotte Petersens. Hier fand sie Grundsätze für ihr Handeln und Freunde auch für ihre spätere Aufgabe. Die Arbeit des Jugendbundes vollzog sich in einem gesetzten Rahmen: Gemeinschaft, Wandern,

Naturverbundenheit und gesellschaftliche Fragen waren wesentliche Bestandteile. Das Zentrum des Jugendbundes war die Burg Hohensolms in der Nähe von Wetzlar, Ort regelmäßiger Treffen, bei denen Professor Cordier durch seine Bibelarbeiten und Vorträge die Teilnehmer wesentlich prägte. Noch heute in ihrem 99. Lebensjahr weiß Emmy Beutz aus Dillenburg zu berichten, wie sie in jenen Jahren am Sonntag mit anderen Jugendlichen unter der strengen Führung von Charlotte nach Hohensolms wanderte.

Die Jahre des Nationalsozialismus

Cordier berichtete schon 1933 über die zunehmenden Probleme, die die versuchte Vereinnahmung durch die Nazis im kirchlichen Bereich Jugendarbeit bewirkte und in der Folge zu einer eher reservierten Haltung gegen sie führte. Charlotte Petersens Empathie für jüdische Menschen bewährte sich in den Freundschaften zu zwei Jüdinnen: Hanna Straßburger

Wahlaufruf auf dem Wilhelmsplatz, vermutlich April 33

aus Rexingen in Württemberg und Annemarie Holborn geb. Bettmann aus Heidelberg. Otto Kammer vermerkt in seinem Buch ausdrücklich ihre empfindsame Einstellung: „In den christdeutschen Unterlagen findet sich nur an einer Stelle die unmittelbare Betroffenheit durch jüdisches Schicksal: Charlotte Petersen aus Dillenburg meldete sich eine Woche vor dem Bundespfingsttreffen (1933) wieder ab. Sie könne nicht teilnehmen, weil sie Schweres erlebt habe. Ein ihr nahestehender Mensch, ein Jude, habe sich das Leben genommen." Für Charlotte Petersen war dies eine klare Haltung, die sich

Zur Erinnerung an das Dillenburger Oranierjahr

Fräulein Lotte Petersen

hat sich durch uneigennützige Mitwirkung an der Gestaltung der Erinnerungsfeiern anläßlich der 400. Wiederkehr des Geburtstages des größten Sohnes der Stadt, des Prinzen Wilhelm von Oranien, Verdienste um die Heimat erworben.

Mit Dank und Anerkennung!

Dillenburg, im August 1933.

Der Hauptausschuß der Oranierfeiern 1933

Geschäftsführer.

Diese Urkunde dokumentiert das Mitwirken von Charlotte Petersen am Oranierfest 1933. Außenstehend in der Stadt wollte sie von Beginn gewiss nicht sein. Die Verhältnisse gaben das vor.

besonders in den ersten Jahren des Dritten Reiches bewähren sollte. Cordiers Einstellung bewirkte, dass Charlotte Petersen am 19. September 1934 bei dem Vorsitzenden der Reichsbekenntnissynode, Präses Koch in Westfalen, ihren Beitritt erklärte:
„Ich möchte mich bei der Bekenntnisfront (damalige Formulierung) als Mitglied anmelden. Ich komme aus dem Bund christdeutscher Jugend. Viele der Älteren und Führer aus unserem Bund sind inzwischen schon in ihren Reihen. Innerlich stand ich längst dazu. Den letzten Anstoß zu dem äußeren Schritt gaben die Worte unseres Bundesführers Cordier am Sonntag auf Hohensolms, unserer Bundesburg, deren 10jähriges Bestehen uns zusammenführte."
Zweifellos war das Elternhaus maßgeblich beteiligt an ihrer ablehnenden Haltung dem nazistischen Regime gegenüber. Ihre Kontakte zu ähnlich denkenden Menschen brachten ihr eine Gestapoüberwachung ein. Später erinnerte sie: „Wenn ich an meine Jugend zurückdenke, so muss ich immer wieder erkennen, dass ich es leichter hatte als viele Altersgenossen, nicht auf das Dritte Reich hereinzufallen: Ich wuchs in einem Elternhaus auf, das jeden Rassenhass und Antisemitismus ablehnte. Noch wichtiger war es wohl, dass ich jüdische Freundinnen hatte und dass ich sehr früh anfing, die Schriften von Martin Buber zu lesen."

‚Hütet Euch vor jüdischen Büchern'

Martin Buber. Bei einem Nachkriegsbesuch in Heppenheim lag ihr vor allem daran, das Haus zu sehen, in dem Martin Buber gewohnt hatte. „Ich musste suchen und fragen, bis ich einen Menschen fand, der es mir zeigen konnte - und ich stand verständnislos vor dem Gebäude, bei dem ein Schild nicht etwa darauf hinwies, dass der große jüdische Gelehrte und Religionsphilosoph hier gewohnt hat, sondern das nüchtern verkündete, dass hier die KFZ-Anmeldestelle sei...Ich war schockiert, dass man in Heppenheim einfach an der

Tatsache vorüberging, dass Martin Buber hier gewohnt und die Mitte seines Lebens, vom 35.bis zum60. Lebensjahr, verbracht hatte. Das ist also das Haus, dachte ich, an dem bei dem ersten Judenboykott im April 1933 ein Schild angebracht wurde: ‚Hütet euch vor den jüdischen Büchern!' Freunde schrieben mir damals, dass Martin Buber das Schild nicht entfernte, sondern darunter schrieb ‚Gilt das auch von der Bibel?' (Wie sehr es tatsächlich ‚auch von der Bibel' galt, das ahnte man damals, am Beginn der Nazizeit, noch nicht...)
Unter dem Eindruck dieser ersten Ausschreitungen hatte ich im selben Jahr 1933 einen Brief an Martin Buber geschrieben, dessen Kopie ich noch besitze:

Sehr verehrter Herr Professor Buber,
ich habe einige ihrer Bücher gelesen (Die Geschichten des Rabbi Nachman, Das verborgene Licht, Kampf um Israel, Reden über das Judentum), und Sie haben mir ein großes Stück weitergeholfen auf dem Weg der Erkenntnis, daß alle Menschen Brüder sind und daß alle wahrhaft religiösen Menschen sich sehr nahe sind – ohne Unterschied der Religion und des Volkes. Und dafür möchte ich Ihnen danken. Vielleicht wollen Sie meinen Dank nicht, Dank ist ja auch so furchtbar wenig und bedeutet im Grunde gar nichts – und doch, können wir mit etwas anderem auf alles Schöne, Edle und Weise, das in der Welt ist, reagieren in unserer Hilflosigkeit?
Sie wissen es vielleicht nicht, was es für uns junge Menschen in der zerrissenen Gegenwart bedeutet, daß es noch Männer gibt, die einfach tun, was Gott von ihnen verlangt, und daß diese Menschen jetzt, wenn auch als große Einsame, in verschiedenen Völkern und Religionen aufstehen. Sie werden verstehen, wie ich es meine, wenn ich sage, daß ich Sie im Hinblick auf die letzten Dinge in einer Linie mit Gandhi und Albert Schweitzer sehe. Es ist nicht ganz leicht für mich, Ihnen diesen Brief zu schrei-

ben. Ich bin Christin und bin Deutsche, und mein Volk hat sich Ihrem Volk gegenüber sehr stark ins Unrecht gesetzt. Und doch muß ich Ihnen gerade deshalb und gerade jetzt schreiben, ich muß es Ihnen sagen, daß es auch auf der anderen Seite Menschen gibt, die erschüttert stehen vor dem, was augenblicklich geschieht, die darunter leiden, daß die Menschen anscheinend nichts mehr davon zu wissen scheinen, daß sie Brüder sind. Und doch: Ich bin eine Deutsche und ich liebe mein Volk, kann ich denn anders? Aber es ist vor dem innersten Gewissen schwer, heute deutsch zu sein. Ich gehöre zu einer kleinen Gruppe in der deutschen Jugendbewegung, und obwohl niemand etwas von diesem Brief weiß, darf ich doch sagen: Es sind viele auf unserer Seite, die aufs tiefste bedauern, was geschieht. Ich grüße Sie in dem Geist, der sich für uns in dem Namen Jesus von Nazareth ausdrückt, für Sie in einem anderen Symbol. Aber der Geist ist derselbe…“
(Die Orthographie entspricht dem Original)

Charlotte Petersen kommentierte ihren Brief so: „Dieser hilflose Brief eines jungen Menschen ist nur wichtig um der Antwort willen, die er mir eintrug. Martin Buber ließ mir nicht nur durch seinen Verlag die schöne Gesamtausgabe seiner ‚Chassidischen Geschichten‘ schicken, er schrieb mir auch selber mit seiner schönen, ausdrucksvollen Handschrift:

Heppenheim, 12.IV. 33

Sehr wertes Fräulein Petersen,
haben Sie Dank für Ihre so unmittelbare Äußerung. Und seien Sie gewiß, daß solch ein Wort in solch einer Stunde nicht allein sein menschliches, sondern auch sein göttliches Ziel nicht verfehlt.
Die Gnade sei mit uns allen!
Martin Buber

Charlotte Petersen hatte auf ihrer ersten Israelreise 1959

Kontakt mit Martin Buber. Nach seiner 1938 erfolgten Flucht aus Deutschland lehrte er an der Hebräischen Universität in Jerusalem. Sie kommentiert: „Er lachte herzlich, als ich sagte, dass jener Brief von ihm aus dem Jahre 1933, der schönste Brief meines Lebens gewesen sei, und sagte: „Dann ist es ja gut!"

Eine wahre Kostbarkeit ist ein Bericht, den sie „Novembertage 1938" überschrieben hat, der hier im Auszug seinen Platz finden soll. Er verdeutlicht, wo sie sich damals verortet wusste. Die Reichspogromnacht (9. November) mit der öffentli-

Der jüdische Religionsphilosoph Martin Buber

chen Kampfansage gegen das Judentum durch die Brandlegung und Zerstörung zahlreicher Synagogen; die Verfolgung jüdischer Familien, der Eingriff in ihr Eigentum und die Verhaftung vieler Juden hatte viele Menschen aufgewühlt, andere fassungslos oder gleichgültig zusehen lassen. Durch den in Lübeck ausgewiesenen Pastor Wilhelm Jannasch, (er erhielt Asyl auf Schloß Hohensolms), erfuhr sie, Charlotte Petersen, am 11. November etwas über das riesige Ausmaß dieses Pogroms. Sie beschloss kurzerhand die Eltern ihrer bereits ausgewanderten Freundin Hanna Straßburger in Rexingen/Württemberg zu besuchen. Wohlweislich verschwieg sie ihr Vorhaben im Elternhaus und Freundeskreis. Heimlich nahm sie eine größere Geldsumme auf der Sparkasse ab. Sie wollte den Eltern ihrer Freundin die Ausreise nach Argentinien damit erleichtern. Dass dieses Vorhaben damals schon äußerst riskant war und ambivalent empfunden wurde, wird durch ihren Bericht dokumentiert: „An die eigene Gefahr denke ich zunächst sehr wenig. Erst als Nelly mir – ahnungslos, wie sehr es mich treffen muss – erzählt, dass ein Professor aus Frankfurt, der versucht hat, einem Juden zu helfen, dabei ertappt worden ist, und dem, da sein Schicksal unzweifelhaft war, nichts mehr blieb, als sich selbst zu erschießen – erst da wird mir der Ernst immerhin möglicher Komplikationen bewusst. Aber nach einer schlaflosen Nacht weiß ich, dass der Weg zu gehen ist und gegangen werden muss. Einen Kompromiss beschließe ich allerdings in dieser Nacht: Nur ein Viertel der eigentlich geplanten Summe bei der Bank abzuheben, um den Gestapobeamten, der auf dieser Bank sitzt, nicht aufmerksam zu machen – für den Fall, dass meine Post sehr genau kontrolliert worden ist in der letzten Zeit, wären hier Kombinationen naheliegend. Allerdings komme ich mir ziemlich jämmerlich vor bei diesem Rückzieher."

Sie schildert ihre Reise. Bei der nötigen Unterbrechung in Horb sieht sie „Spuren davon, dass hier kein Asyl des Friedens ist: Jüdische Geschäfte mit eingeschlagenen Schaufenstern und schreienden Plakaten…"

In Rexingen wohnten früher über hundert jüdische Familien und zur Zeit ihres Besuches waren es immerhin noch vierzig. Bei einem Rundgang durch das Dorf erhält sie einen guten Eindruck von jüdischem Leben. Viele der schönsten Häuser gehörten Juden.
In ihrem Tagebuch vermerkt sie: „Dies ist nun Hannas Heimat. Und da sind wir auch an dem Haus mit der Linde, das ich von einem Bild her kenne - Hannas Mutter begrüßt mich sehr herzlich und fast fröhlich...Vom Fenster aus ist die ausgebrannte Synagoge zu sehen. Natürlich sprechen wir zuerst von alledem, was sich nicht schreiben ließ. Ich bin sehr erleichtert, dass hier alles in gemäßigter Form verlaufen ist, hauptsächliches Verdienst des Bürgermeisters, der ein alter Rexinger ist und die alteingesessenen jüdischen Familien kennt. Er hat nicht geduldet, dass in den Wohnungen gewüstet wurde. Die Fenster wurden allerdings überall eingeschlagen und Hannas Mutter wurde von einem Steinwurf am Kopf verletzt. Entschuldigend sagte sie: ‚Aber es war nicht Absicht, sie wollten das nicht!'
Ausführlich berichtet Charlotte Petersen von den wenigen Besuchstagen und der herzlichen Aufnahme in den jüdischen Familien, in denen sie sich überall heimisch und aufgenommen fühlte.
Die Ungewissheit über die Zukunft und die Fragen der Ausreise bewegt viele. Sie stellt fest: „Ich bin in Rexingen herumgereicht worden wie eine Kostbarkeit. Es war nichts von Neugier dabei. Ich habe in meinem Leben nicht so viel Glorienschein von Achtung und Ehrfurcht um mich gehabt (werde das wohl auch nie mehr erleben) – in jedem Haus eine strahlende, beglückte Freude, wenn ich es betrat...Bloß dass da ein Mensch von weit her gekommen ist, um zu sehen, wie es armen Juden geht, das macht mich in ihren Augen zu einem Licht in ihrer Dunkelheit. Ich bin befangen vor soviel unverdientem Dank und vor all dem Segen, den so viel gute, ernsthafte Menschen für mich erbitten..." Zweifellos gehörten jene Tage auch zu den gravierenden Erlebnissen und zu der

Erfahrung, sich in die Reihe der nach der Schuld fragende Menschen zu stellen.
Wie schrieb der im Juli 1945 aus Theresienstadt zurückgekehrte Oberrabbiner Leopold Neuhaus auf der Titelseite der Frankfurter Rundschau: „In memoriam – 9. November 1938! Ihr deutschen Menschen, die ihr abrückt von diesen Schändern des deutschen Namens: An jedem 9. November haltet für eine Weile den Atem an, in memoriam dessen, was nie wiedergutzumachen ist!" (Zitiert nach Gross, November 1938, S. 113)
Die berufliche Laufbahn bekam in jenen Jahren einen Knick. Charlotte Petersen dazu: „Gelernt hatte ich Buchhandel und Verlag. Aber als die Hitlerzeit im Zweiten Weltkrieg ihren Höhepunkt erreichte, wollte ich diesen Beruf nicht mehr ausüben. Ich wollte nicht die Bücher verkaufen, die es damals ausschließlich zu verkaufen gab. Es kam dann so, dass ich wegen einer langen Krankheit meines Vaters zu seiner Pflege sowieso zu Hause bleiben musste."
Nach dem Krieg kam es zum entscheidenden beruflichen Wechsel. Charlotte Petersen erzählt anlässlich der Verleihung der Hedwig-Burgheim-Medaille der Stadt Gießen: „Als der Krieg vorbei war und mein Vater starb, musste ich versuchen, irgendwie Geld zu verdienen. Eigentlich mehr, um den drängenden Freunden nachzugeben, die sagten: ‚Schreib doch für die Zeitung, das kannst du doch' als aus eigener Überzeugung, dass dies mein Weg sein könnte, versuchte ich es mit journalistischen Arbeiten – und ich hatte das seltene Glück, in eine Arbeit hineinzukommen, die mich so erfüllte und interessierte, dass ich sie immer noch ausführe."
Sehr schnell fanden Leser der Wetzlarer Zeitung und ihrer Ausgabe der Dill-Post Artikel, deren Verfasserin mit dem Kürzel „cp" die betreffenden Beiträge signierte. Bald wussten sie auch, dass die kleine, bescheidene Frau Charlotte Petersen mit ihren Beiträgen sehr präzise und einfühlsam über das kulturelle und religiöse Geschehen im Dillkreis berichtete. Die schlichte Aktentasche und die umhängende Leica waren

Insignien der fleißigen Reporterin, die bei keiner wichtigen öffentlichen Veranstaltung fehlte.
Es waren jene Nachkriegsjahre, in denen sich das Leben in der Bundesrepublik mehr und mehr normalisierte. Auch im kirchlichen Umfeld. 1947 war es zur Neugründung der Evangelischen Kirche in Hessen und Nassau gekommen, deren erster Kirchenpräsident Pfarrer Martin Niemöller wurde, der als „persönlicher Gefangener des Führers" jahrelang im Konzentrationslager Dachau inhaftiert war. Mit den hessischen Pfarrern der Bekennenden Kirche (BK) sollte ein Neuanfang, erwachsen aus den Erfahrungen der NS-Zeit, gewagt werden. Aufgeteilt in Visitationsbezirke, an deren Spitze Pröpste gewählt und berufen wurden, bildete sich das sogenannte Leitende Geistliche Amt mit dem Kirchenpräsident als Vorsitzendem. In Nordnassau war Karl Herbert, engagierter Pfarrer der Bekennenden Kirche, zum Propst gewählt worden. Er sorgte für eine verbindende Gemeindezeitung, in der Gemeinden ihre Veranstaltungen und Initiativen öffentlich machen konnten. So kam es zur Gründung der Zeitung Unser Weg. Was lag näher, als eine erfahrene und in der Vergangenheit bewährte Kraft, nämlich die Journalistin Charlotte Petersen um die Übernahme der Schriftleitung zu bitten. Bald stellte sich heraus, dass dieses Organ die beste Möglichkeit abgab, von der Begegnung mit den Wapniarka-Opfern zu berichten und um die nötigen Spenden zu bitten.
Die Wapniarka-Aktion öffnete den Blick für den so nötigen Dialog zwischen Juden und Christen, für den sich Charlotte Petersen zunehmend interessierte und einsetzte. Mit der sich zum Hilfswerk vergrößernden Wapniarka-Aktion und dem damit verbundenen Dialog, der sie in die Mitarbeit der Gesellschaft für Christlich-Jüdische Zusammenarbeit führte, war der eigentliche Lebensinhalt gefunden, dem ihre Kraft bis zum Lebensende gelten sollte.
Charlotte Petersen verfolgte gradlinig ihren Weg. Durch ihr Engagement gewann sie überall Freunde und Weggenossen. Wenig bekannt ist aber, dass sie auch mit Diffamierung zu

kämpfen hatte. Es gab Hasstiraden in Telefonanrufen und in anonymen Briefen. Es zeigt den festen Charakter und ihren Mut, dass sie diesen Angriffen und Belästigungen standhielt. Es schmerzte sie zutiefst, dass es nach dem erlebten Inferno immer noch Mitbürger gab, die unbelehrbar verdrängten, in welch unermessliches Maß Leid, Not und Tod über jüdische Mitbürger gebracht worden ist.
Die berufliche Grundlage, als Journalistin zu arbeiten, verlief keineswegs glatt. Charlotte Petersen entwickelte ihren eigenen Stil, setzte Prioritäten im Blick auf die von ihr bevorzugten örtlichen Ereignisse. Kirchlichen Aktivitäten, theologischen Fragen, Kirchenmusik und Theater gab sie gerne den Vorzug und manches davon war für ihre Kollegen doch Randthema. Mit Disziplin und Fachwissen erstellte sie ihre Schriftsätze. Am frühen Morgen schon brachte sie ihr Manuskript über die Abendveranstaltung in die Redaktion und war nicht erfreut, dass ihre Kollegen erst am späten Morgen mit der Arbeit beginnen. Es dauerte, bis ihrer Umgebung deutlich wurde, mit welcher Energie über die örtlichen Grenzen hinweg diese bescheidene Frau ein Hilfswerk aufbaute, Menschen aktivierte und für ihre sehr kranken Schützlinge in Israel sorgte.
Anlässlich ihres 90. Geburtstags schrieb ihr Kollege Joachim Heidersdorf in einem Beitrag der Heimatzeitung ‚Dill-Post‘: „Voller Respekt und Bewunderung ziehen wir den Hut vor dem Lebenswerk unserer Mitarbeiterin, die seit fas 50 Jahren mit ihren Artikeln unsere Zeitung bereichert. Charlotte Petersen ist eine kleine, zierliche Frau – und eine große, starke Persönlichkeit…“

Nach ihrer Machtübernahme 1933 hatten die Nationalsozialisten unter den vielfach sozialdemokratisch und kommunistisch orientierten Arbeitern weit weniger Anhänger, als dies in anderen Berufsgruppen der Fall war. Um sie zu gewinnen, vereinnahmten die Nationalsozialisten den Tag der Arbeiter, den 1.Mai, für die eigne Propaganda. Seine ursprüngliche Bedeutung als der Kampftag der internatio-

Maifeier 1933 in Dillenburg

nalen Arbeiterschaft sollte vergessen werden. Schon Wochen vor dem 1. Mai 1933 wurden überall in Deutschland, so auch in Dillenburg Gebäude, Straßen und Festplätze geschmückt, Festzüge vorbereitet und Lieder einstudiert. Es fehlte bald jeder Bezug zur Arbeit. Mit der Umwidmung beriefen sich die Nationalsozialisten auf uraltes, vorgeblich germanisches Brauchtum. Der 1. Mai galt ihnen als „den ewigen Lebens-

kreislauf bejahender" Festtag zum Frühlingsbeginn. Der Maibaum als zentrales Symbol wurde, wie es in vielen Gegenden Deutschlands schon vorher praktiziert worden war, mit einem oder mehreren Kränzen geschmückt. Hinzu kamen unter dem NS-Regime Dekorationen wie Hakenkreuze, die Symbole der Deutschen Arbeitsfront (DAF) und ihrer Freizeitorganisation „Kraft durch Freude" (KdF) sowie die Insignien verschiedener Berufsgruppen der Arbeit und des Handwerks. Weiterhin präsentierte sich die DAF und ihre Fachämter mit Festwagen und Festmarsch der Mitglieder. Volksfeste mit Gesang und Tanz, Kinderspielen, Schaustellern und Sportwettkämpfen rundeten die Maifeierlichkeiten in vielen Orten ab. (Mit Informationen von Wikipedia)
Unser Bild (Seite 44, 45) zeigt die erste von den Nazis organisierte Maifeier 1933 auf dem Hüttenplatz. Die junge Charlotte Petersen hat gewiss nicht mitgefeiert. Sie gehörte zu den wenigen, die dagegen waren: „Wenn ich an meine Jugend zurückdenke, so muss ich immer wieder erkennen, dass ich es leichter hatte als viele Altersgenossen, nicht auf das Dritte Reich hereinzufallen: Ich wuchs in einem Elternhaus auf, das jeden Rassenhass und Antisemitismus ablehnte. Noch wichtiger war es wohl, dass ich jüdische Freundinnen hatte und dass ich sehr früh anfing, die Schriften von Martin Buber zu lesen." Charlotte Petersen wurde von der Gestapo beobachtet.
Welche Courage und Vorsicht zugleich es von kritischen Menschen erforderte, sich diesem Zwang der Massenbewegung des Nationalsozialismus zu entziehen und nicht verhaftet zu werden, zeigt eine Erinnerung an diesen 1.Mai 1933: Der gewerkschaftlich engagierte Facharbeiter aus Herborn-Seelbach Roland Bickel arbeitete auf der ‚Burger Hütt'. Er war offensichtlich, wie nicht wenige Arbeiter damals, Mitglied eines Arbeiterbildungsvereins. Er ging nicht auf diese Maifeier der Nazis 1933, so wie manche seiner Kollegen. Einen Tag nach dieser wohl rauschhaften Maifeier auf dem Hüttenplatz wurde seine Gewerkschaft zerschlagen. Als hät-

te er auch das geahnt, hatte er am Vorabend der Feier auf einen Zettel einen Vers aus Goethes Faust II geschrieben:

Und auf vorgeschriebenen Bahnen/
zieht die Menge durch die Flur/
Den entrollten Lügenfahnen/
Folgen alle.-Schafsnatur

Diesen Zettel hängte er an seinen Spind. Zwei Tage später wurde er verhaftet. (Überliefert von Hans Dieter Göbel)

Maiparade durch die Marktstraße:
Nach wenigen Monaten Hitlerei waren viele Menschen in Nazi-Verbänden organisiert.

Die Versammlung mit Blick auf die Bühne auf der Treppe des Hauses Hüttenplatz 12

Volkstümliche Lustbarkeiten gaben eine idyllische Kulisse für Nazi-Agitation

Die Menge auf dem Dillenburger Hüttenplatz quillt beim ersten Maifest des jungen Nazi-Regimes weit in die Straßen hinein. Die Stadt und die umliegenden Dörfer hatten in jenen Jahren stark überdurchschnittliche Wahlergebnisse für die NSDAP. Es waren zwischen 70 und 90 Prozent.
Frühlings-und andere stimmungsvolle Festlieder umrahmten die braunen politischen Kampflieder, wie das Schafsfell den Wolf.
Ein Hauptpunkt der Feierlichkeiten im ganzen Land war die Rundfunkübertragung von Hitlers Rede beim zentralen Staatsakt in Berlin, der mit Kundgebungen, Musik- und Kunstflugdarbietungen, Wehrübungen und einem abschließenden nächtlichen Feuerwerk eine gigantische Propagandaveranstaltung darstellte, die offiziell über eine Million Menschen aus allen Teilen Deutschlands anzog.

Albrecht Thielmann

4. Von der Wapniarka-Aktion zum Wapniarka-Hilfswerk

Anfängliche Berichte und Spendenbitten in der örtlichen Presse – Wachsende Vortragstätigkeit – Ausweitung zum Hilfswerk - Mitarbeitersuche

Am Anfang war es eine Aktion. Hilda Heinemann und Charlotte Petersen hatten erkannt, dass es angesichts der Not der Wapniarka-Geschädigten galt, aktiv zu werden. Es ist anzunehmen, dass Hilda Heinemann die politischen Wege abgeklärt hat, während Charlotte Petersen über das schrieb und aufklärte, was sie inzwischen über die Wapniarka–Häftlinge und ihr Leben wusste und um Hilfe in Form von Spenden warb.

Ein Bankkonto wurde bei der Sparkasse Dillenburg eingerichtet, um die eingehenden Gelder aufzunehmen und zu transferieren. Es ging damals noch bescheiden zu in unserem Land. Das Geld saß bei den meisten Menschen nicht so lokker. Es gab ja nach dem Krieg einen großen Nachholbedarf, der im Vordergrund stand. Dementsprechend wurde das erste Tausend dankbar begrüßt und damit war die vorgesehene Hilfe für die Betroffenen in greifbare Nähe gerückt.

Durch die Verbindung zu dem norwegischen Pfarrer Magne Solheim bekam Charlotte Petersen die Adressen Bedürftiger. An ihn wurden in der ersten Zeit die gesammelten Beträge überwiesen. Es ging um vertrauensvolle Partner, die mit Rat und Tat zur Seite standen. Das waren auch die Deutsche Botschaft und israelische Regierungsvertreter.

Ausführlicher wurden die Berichte von Charlotte Petersen nach der ersten Reise, als sie die ersten „Tausender“ nach Israel brachte. Jetzt konnte sie viele Bedürftige persönlich kennen lernen und an ihren Nöten Anteil nehmen. Leider können wir nicht mehr feststellen, wann der erste Bericht über die Begegnung mit den ehemaligen KZ-Häftlingen in den Zeitungen erschien. Es muss im Herbst 1959 gewesen sein.

Ich erinnere mich jedenfalls genau, im Gemeindeblatt Unser Weg über Wapniarka gelesen zu haben. Dieses Wort prägte sich ein. Auch die Bitte der Autorin, für diese so schwer Gezeichneten eine Spende zu ermöglichen.
Nun begann auch ihre Vortragstätigkeit in den Kirchengemeinden. Wer sich daran erinnert, wie lebendig die Berichte aus Israel vorgetragen wurden, mit welch brillanten Dias diese untermalt wurden, der weiß auch, dass damit die Aktion unterstützt und Dauerspender gewonnen wurden.
Charlotte Petersen schreibt: „Ich habe für sehr viel zu danken. Ich habe Vorträge halten können in kleinen Dörfern und großen Städten, und immer wieder waren Menschen bewegt von der deutschen Schuld. Auch wenn zu einem Vortrag manchmal gar nicht so sehr viel Menschen gekommen waren - oft war das Wetter ungünstig oder es mochte sonst etwas den Besuch verhindert haben - , kamen hinterher überraschend große Spenden von einzelnen, die sich das Herz auftun ließen für Israel. Besonders schön war es, im Frankfurter Diakonissenmutterhaus zu sprechen, wo ich zwar keinen Israelvortrag hielt, sondern von Franz von Assisi sprach, aber hinterher auf Wunsch von Frau Oberin zu den Schwestern und der Hausgemeinde noch kurz von Wapniarka und dem Stand der Aktion erzählte und wo ich eine besonders große Kollekte mitnehmen durfte, die so spürbar aus mitfühlender Verbundenheit gegeben wurde. Außerdem erhielt ich aus dem Aufkommen der Karfreitagskollekte der Landeskirche 2500.- für Wapniarka. Und dann hatte ich noch eine große Freude. Ein einzelnes Gemeindeglied einer Dorfgemeinde spendete auf einmal 2000.- DM. Ich möchte auch an dieser Stelle dem Spender, der nicht genannt sein will, von ganzem Herzen danken. Es bedeutet viel für mich und meine Arbeit, auch mal größere Summen auf einmal schicken zu können, weil es dadurch möglich wird, in verschiedenen Fällen durchgreifender zu helfen und auch mal zu einer Existenzbeschaffung beizutragen. Im Ganzen sind nun 71.000.- DM gespendet worden."

Dieser Beitrag macht deutlich, dass in den ersten Jahren die Spenden in einem kleineren Rahmen flossen. Gleichzeitig zeigt er aber auch, mit welchem persönlichen Engagement Charlotte Petersen für die Aktion eintrat.
Gleichzeitig wurde versucht, die Wapniarka-Opfer in die Wiedergutmachungsfolge der Bundesrepublik zu bringen. Das Ziel, eine monatliche Rente bereitzustellen, stand dabei im Vordergrund. Es war inzwischen Charlotte Petersen auch gelungen, potente Freunde zu gewinnen, die ihr mit Rat und Tat zur Seite standen. Hier sind vor allem Helene Jacobs, Pfarrer Dr. Adolf Freudenberg und der spätere Stellvertretende Kirchenpräsident D. Karl Herbert zu nennen.
Es ist sinnvoll, diesen Freundeskreis kurz vorzustellen:
Helene Jacobs, am 25. Februar 1906 in Schneidemühl, Westpreußen, geboren, wuchs in Berlin auf Sie arbeitete als Sekretärin eines jüdischen Patentanwaltes. 1934 schloss sie sich der Bekennenden Kirche an. Mit einer Gruppe, die sich um den Juristen Franz Herbert Kaufmann sammelte, half sie mit, dass jüdische Verfolgte untertauchen und das Land verlassen konnten. Sie selbst versteckte einige Menschen in ihrer Wohnung. 1943 wurde sie denunziert und zu einer Zuchthausstrafe verurteilt. In der Bundesrepublik arbeitete Frau Jacobs als Beamtin im Entschädigungsamt in West-Berlin. 1963 wurde sie dort strafversetzt, weil sie sich zu sehr für die Antragsteller eingesetzt hatte. Jacobs war seit der Gründung 1949 Mitglied der Gesellschaft für Christlich-Jüdische Zusammenarbeit in Berlin. Sie wurde von der Gedenkstätte Yad Vashem als Gerechte unter den Völkern geehrt. Sie starb 1993 und wurde auf dem Waldfriedhof Dahlem beigesetzt, wo sie 2004 ein Ehrengrab erhielt.
Pfarrer Dr. Adolf Freudenberg, am 4. April 1894 in Weinheim geboren, trat nach einem abgeschlossenen Jura-Studium in den Dienst des Auswärtigen Amtes, 1934 war er als Legationsrat in der kulturpolitischen Abteilung tätig. Weil seine Frau Elsa jüdischer Abstammung war, schied er 1934 aus dem öffentlichen Dienst aus, studierte Theologie an der

Kirchlichen Hochschule der Bekennenden Kirche in Bethel und wurde durch den Dahlemer Bruderrat ordiniert. 1939 emigrierte er nach London, wo er durch die Deutsche Lutherische St. Georgskirche und ihren Pfarrer Julius Rieger aufgenommen wurde. Der im Aufbau befindliche Ökumenische Rat der Kirchen beauftragte ihn mit der Betreuung deutscher Flüchtlinge. Ab 1939 sollte er das Flüchtlingswerk des Ökumenischen Rates in Genf aufbauen. 1947 kehrte er nach Deutschland zurück und wurde Pfarrer der Flüchtlingssiedlung Heilsberg in Bad Vilbel. Er gründete 1952 den „Evangelischen Arbeitskreis für den Dienst an Israel in Hessen und Nassau", den heutigen „Arbeitskreis Kirche und Israel in der Evangelischen Kirche in Hessen und Nassau". Freudenberg verstarb am 7. Januar 1977 in Bad Vilbel.
Oberkirchenrat D. Karl Herbert, geboren 1907 in Frankfurt, 1931 in der Nassauischen Kirche ordiniert, Pfarrer in Oberhörlen/Dillkreis, 1933 wurde er Mitglied des Landesbruderrates der Bekennenden Kirche in Nassau. 1947 war er maßgeblich an der Neugründung der Evangelischen Kirche in Hessen und Nassau beteiligt, 1950 wurde er zum Propst für Nord-Nassau gewählt, von 1965 bis 1972 war er Stellvertretender Kirchenpräsident. Nach Eintritt in den Ruhestand hatte er eine Berufung als Lehrbeauftragter für kirchliche Zeitgeschichte an der Johannes-Gutenberg-Universität Mainz. Karl Herbert verstarb am2. Juni 1985 in Alsbach/Bergstraße.

Keine Wiedergutmachung für Wapniarka

Die deutschen Verbrechen an den Juden sollten nach dem Holocaust mit Entschädigungszahlungen gesühnt werden. Den KZ-Opfern in Israel sollte geholfen werden. Am 10. September 1952 hatte Adenauer Israel im Luxemburger Abkommen hohe Entschädigungszahlungen zugesichert, aus „zwingender moralischer Verpflichtung" heraus. Dem Vertrag waren zähe Verhandlungen im Kabinett vorausgegangen. Die westdeutsche Bevölkerung verfolgte Adenauers Vorhaben skeptisch. Nach einer Umfrage des Instituts für Demoskopie in Allensbach erachteten 44 Prozent der Bundesbürger Wiedergutmachungszahlungen an Israel für gänzlich „überflüssig". Erst in den achtziger Jahren waren die lange zurückgehaltenen Kabinettsprotokolle zugänglich und jetzt wurde offenbar: Nur aufgrund des Drucks der USA war Adenauer zu den Wiedergutmachungsverhandlungen bereit gewesen. Also auch „ zur zwingenden moralischen Verpflichtung", die Adenauer im Kabinett ganz anders begründete: In der Kabinettsitzung am 17. Juni 1952 hatte er auf das Verhältnis Westdeutschlands zu den USA verwiesen und sagte, der „ergebnislose Abbruch von Verhandlungen mit Israel würde die schwersten politischen und wirtschaftspolitischen Gefahren für die Bundesrepublik heraufbeschwören".(aus: Der Spiegel vom 18.3 2013)

Eine Wiedergutmachung in Form einer Rente für die Wapniarka-Opfer aber wurde abgelehnt. Als Begründung wurde angeführt, das KZ habe unter rumänischer Leitung gestanden. Charlotte Petersen hatte dagegen angeführt, „Wapniarka war ein deutsches Konzentrationslager in der Ukraine". Das andere Argument, es habe sich um „von der Gestapo im Jahre 1942 aus Rumänien auf russisches Gebiet in das Konzentrationslager deportierte Juden gehandelt, die dort zu Versuchszwecken „planmäßig durch Genuss von Lathyruserbsen vergiftet" wurden, konnte mangels Beweiskraft nicht akzeptiert werden.

Abschließend kann zu diesem Negativbefund doch darauf hingewiesen werden, dass letztendlich den Wapniarka-Opfern mit einem einmaligen Betrag von 5.000.- DM wenigstens eine einmalige Hilfe von Seiten der Bundesrepublik gewährt wurde. Gerhard Jahn, MdB, Bundessminister der Justiz a.D., beschrieb dies in einer persönlichen Ansprache anlässlich der Verleihung der Buber-Rosenzweig-Medaille an Charlotte Petersen im Rückblick so:

„Ihre Zähigkeit, Ihre Beharrlichkeit, Ihre eindringliche Über-

zeugungskraft vermochten es nicht, den Bemühungen der Betroffenen, vom deutschen Staat eine Rente zu erhalten, zum Erfolg zu verhelfen. Die Rechtslage ließe - so die Behörden - laufende Entschädigungsleistungen nicht zu. Die einmalige Zahlung von 5.000.- DM, die den Opfern schließlich nach langen quälenden Verhandlungen gewährt wurde, war eher symbolisch. Das reichte nicht im Entferntesten aus, den leidenden Menschen, die mit zunehmendem Alter und schlimmer werdenden Lähmungserscheinungen immer pflegebedürftiger wurden, eine regelmäßige Hilfe und Pflege angedeihen zu lassen."
Es war also folgerichtig, dass aus dem beschränkten Engagement, das Hilfswerk durch solche Unterstützung wuchs, durch das im Folgenden monatliche Zuwendungen gegeben wurden, die allerdings auch entsprechende Mittel verlangten. Der Justizminister Gerhard Jahn (SPD) fasste den damit verbundenen Einsatz so zusammen: „Seit 30 Jahren bemühen Sie sich, die großen Geldmittel aufzubringen, die für eine wirksame Hilfe benötigt werden. Tausende von Veranstaltungen haben Sie bestritten, tausende von Bittbriefen geschrieben, um die Beträge aufzubringen, die erforderlich sind, um Jahr für Jahr den Opfern von Wapniarka wenigstens eine kleine Rente, Behandlung und Pflege zu sichern. Sie haben bewirkt, das ein vergessener und verdrängter Teil grausiger nationalsozialistischer Unterdrückung und Unmenschlichkeit wieder in das Bewusstsein und Gewissen in unserem Lande zurückgeholt wurde."
Dass dies keineswegs immer von Erfolg gekrönt war, zeigt eine Beurteilung von H.D Heilmann „zur deutschen Verantwortung für die Verfolgung und Ermordung der rumänischen Juden". Er schreibt: „Die private Initiative des Pfarrers Magne Solheim (Haifa), von Frau Hilda Heinemann, Charlotte Petersen, Dr. Adolf Freudenberg und Helene Jacobs stieß in den Jahren seit 1959 in der Bundesrepublik keineswegs auf nur offene Ohren und Herzen: Ein Korreferat von Helene Jacobs auf dem Kirchentag 1961 zum Thema wur-

de fast gar nicht beachtet und ergab eine nur ‚kümmerliche Sammlung'".

Charlotte Petersen ließ sich von den Negativerfahrungen nicht abhalten. Zielstrebig verfolgte sie weiterhin ihr Ziel, den Wapniarka-Opfern zu helfen. Ihre Möglichkeiten schienen erschöpft, eine größere Öffentlichkeit war dringend erforderlich. Sie erinnert an jene entscheidende Phase: „Ich wendete mich an Gerhard Jahn, der damals der Vorsitzende des Ausschusses für Wiedergutmachung war, flog einmal zusammen mit ihm nach Berlin und wollte dort Lothar Kreysig und Dr. Franz von Hammerstein von der ‚Aktion Sühnezeichen' treffen. Wen ich in Berlin aber vor allem kurz sprechen konnte", war der damalige Vorsitzende des Rates der Evangelischen Kirche in Deutschland, Bischof Kurt Scharf, dem sie in einer Sitzungspause ihre Probleme vortragen konnte. Scharf, der in der Nazizeit wegen seiner Ablehnung des Arierparagraphen seines Amtes enthoben worden war, zeigte sich gegenüber Charlotte Petersens Anliegen offen und versicherte ihr nach dem Gespräch: „Ich werde Ihnen helfen, weiß allerdings noch nicht, wie".

Lassen wir Charlotte Petersen die Folgen dieses Gesprächs selbst erzählen: „Einige Zeit später -es dürfte etwa Ende 1961 gewesen sein – erhielt ich von der EKD eine Spende über 100.000 Mark, die ich für zwei Jahre aufteilte. Nach dieser Zeit erfuhr ich von Pfarrer Dr. Freudenberg in Bad Vilbel, dass ich diesen Zuschuss neu beantragen müsse. Ich wandte mich also an unseren früheren Propst Herbert, der mittlerweile Oberkirchenrat in Darmstadt geworden war, mit der Bitte, mein Gesuch an die EKD weiterzuleiten. Doch statt dessen sagte er mir, dass in Zukunft die Evangelische Kirche in Hessen und Nassau diesen Betrag (100.000 Mark für zwei Jahre) zahlen werde."

Inzwischen benötigte das Wapniarka-Hilfswerk monatlich 40.000 Mark, die in Israel nach Anweisung von Charlotte Petersen an die Schutzbefohlenen durch die Bank Leumile Israel ausgezahlt wurden. Es waren ca. 160 Einzelanweisungen zwischen 200 und 300 Mark, die monatlich fällig waren. Die kirchliche Zuwendung konnte also nur als willkommene Basis angesehen werden. Daneben waren es ca. 2000 Einzelspender, die mit ihren monatlichen Spenden für die kontinuierliche Zahlung der Renten sorgten. Diese wurden zu jedem Jahresende angeschrieben, eine gewaltige Bitt-und Bettelarbeit. Charlotte Petersen hob besonders einen Spender aus dem Dillkreis hervor, der monatlich 400.- Mark spendete; sie kommentiert allerdings: „...aber das ist leider eine Ausnahme."
Bereits 1965 hatte Charlotte Petersen für die aufwendigen Überweisungsgeschäfte den Kirchmeister der Ev. Kirchengemeinde Dillenburg als ehrenamtlichen Mitarbeiter gewonnen. Rolf Teutsch war von da an bis zur Auflösung des Hilfswerks für die Buchführung zuständig.
Für die Gesamtverantwortung bildete Charlotte Petersen einen Vertrauenskreis, der zum ersten Mal am 23. Februar 1962 zusammentrat. Im Protokoll dieser Sitzung befindet sich ein Zitat von ihr, das diese Neuerung begründen sollte: „Es soll damit auch vor der Öffentlichkeit bekundet werden, dass dies nun größer gewordene Hilfswerk nicht auf zwei Augen steht." Neben Persönlichkeiten des örtlichen kirchlichen Lebens gehörte auch der schon erwähnte Vertraute Pfarrer Dr. Adolf Freudenberg aus Bad Vilbel in diesen Kreis.
In Gottfried Schubert fand Charlotte Petersen einen zuverlässigen Helfer, der in regelmäßigen Abständen nach Dillenburg kam und tatkräftig half, die immer umfangreicheren Aufgaben zu meistern. Die Idee war, Kirchengemeinden, Chöre und andere Gremien anzuschreiben und um eine Patenschaft zu bitten. Sie sollten monatlich 200 Mark sam-

Der frühere Präsident Heinemann und seine Frau Hilda gehörten im Dritten Reich beide der Bekennenden Kirche und dem Widerstand an. Sie halfen Juden und gefährdeten sich dabei. Hilda Heinemann hat vielfältig humanitäre Hilfe initiiert. So engagierte sie sich auch für Amnesty International.

meln, die dann an bestimmte Personen in Israel überwiesen wurden. Bald waren es um 30 Patenschaften, die zwischen Flensburg und Konstanz bestanden. So wurde die Arbeit auf breitere Schultern gelegt. Helferinnen und Helfer gab es in Dillenburg, aber auch in Israel, die die nötigen Aufgaben bewältigten. Im Juli 1971 konnte Rolf Teutsch in seinem Kassenbericht zur Kenntnis geben, dass „gerade jetzt" die Millionengrenze bei der Überweisung der Hilfsgelder nach Israel überschritten wurde.

Es war jene Zeit, in der Bundespräsident Gustav Heinemann im Anschluss an einen Vortrag, den er bei einer Tagung des

Frauenringes gehalten hatte, Frauen die Hände schüttelte, als er Charlotte Petersen begrüßte. Er stellte sie seinem Staatssekretär Dietrich Spangenbergmit der Frage vor: „Wissen Sie, wer das ist? Das ist die größte Bettlerin des Jahrhunderts".
Charlotte Petersen fuhr jährlich nach Israel, suchte Kontakte zu den Wapniarka-Opfern, berichtete in ihren Vorträgen von Begegnungen in Israel, von denen im nächsten Kapitel noch ausführlich zu berichten sein wird. Mit dem Bericht einer solchen Begegnung, den sie ihrem Kollegen Guntram Lenz erzählte, soll dieses Kapitel abgeschlossen werden:
Benjamin Jeremias aus Naharya besuchte Charlotte Petersen in Dillenburg und lud sie zu sich nach Israel ein. Sie erinnerte sich: „Im nächsten Jahr löste ich mein Versprechen ein, besuchte ihn, und er brachte mich bei einer Frau Stern unter, die Auschwitz überlebt hatte. Am Tag meiner Abreise, als ich Frau Stern die Kosten für meinen Aufenthalt zahlen wollte, wies sie das Geld zurück und sagte: ‚Das Geld gebe ich für meine Leidensgenossen in Wapniarka'. Sie hatte von meiner Hilfsaktion erfahren, und nun kam auch ihr Mann hinzu, von dessen Existenz ich bisher gar nichts gewusst hatte. Der Grund: Er hatte in Auschwitz seine erste Frau und zwei Söhne verloren und sich geschworen, nie mehr mit Deutschen zu reden; er hatte sich deshalb zurückgezogen. Mittlerweise haben die Sterns viele deutsche Freunde, waren auch schon in der Bundesrepublik, und ich besuche sie regelmäßig, wenn ich in Israel bin."

5. Auf dem Weg zur Versöhnung

Gespräch zwischen Christen und Juden – Anregung zu neuem Denken

Charlotte Petersens Antrieb, in Israel deutsche Schuld abzutragen, ist uns bekannt. Dass ihr zu diesem Anliegen das Wapniarka-Problem „vor die Füße gelegt wurde“, sah sie als Fügung an. Verständlich war also ein ambivalentes Gefühl, als Deutsche und als Christin in Israel tätig zu werden. Um so mehr überraschten sie Gespräche mit Juden, die nach Jesus fragten, oder sich dankbar daran erinnerten, in der Nazizeit hilfsbereiten Christen begegnet zu sein.
Wie kann es zu einem förderlichen Gespräch zwischen Christen und Juden kommen? Hilfreich und wegweisend waren zu dieser Frage Begegnungen und Äußerungen zweier jüdischer Männer, von denen Charlotte Petersen zu berichten wusste.
Da war zunächst Martin Buber, der sie ja schon 1933 zu jenem bemerkenswerten Brief veranlasst hatte, von dem im vierten Kapitel die Rede ist, und dem sie in Israel wieder begegnet war. Seine Bemerkungen zu Christen und Juden hatte sie so zusammen gefasst: „Martin Buber, der weise und gütige Gelehrte, der kürzlich (1965) in Jerusalem starb, nannte Jesus seinen ‚großen Bruder‘... Wie weit Gemeinschaft zwischen Juden und Christen, bei beiderseitiger Achtung der Grenzen, doch möglich ist, (beurteilte Buber so): ‚Was ist uns und euch gemeinsam? Wenn wir es völlig konkret fassen: Ein Buch und eine Erwartung. Für euch ist das Buch ein Vorhof, für uns ist es das Heiligtum. Aber in diesem Raum dürfen wir gemeinsam weilen, gemeinsam die Stimme vernehmen, die in ihm spricht. Das bedeutet, dass wir gemeinsam arbeiten können an der verschütteten Gesprochenheit dieses Sprechens, an der Auslösung des eingebannten lebendigen Wortes.
Eure Erwartung geht auf eine Wiederkehr, unsere auf das unvorweggenommene Kommen. Für euch ist die Phrasierung

des Weltgeschehens von einer unbedingten Mitte, jenem Jahr Null aus bestimmt; für uns ist es eine einheitlich gestreckte Tonfolge, ohne Einhalt von einem Ursprung zu einer Vollendung strömend. Aber wir können den Einen Kommenden gemeinsam nennen, und es gibt Augenblicke, da wir ihm gemeinsam die Straße bahnen dürfen.
Vormessianisch sind wir schicksalmäßig getrennt. Da ist der Jude für den Christen unverständlich als der Verstockte, der nicht sehen will, was sich begeben hat, unverständlich der Christ dem Juden als der Verwegene, der in der unerlösten Welt ihre vollzogene Erlösung behauptet. Das ist eine von keiner Menschenmacht überbrückbare Spaltung. Aber sie verwehrt nicht das gemeinsame Ausschauen in eine von Gott her kommende Einheit, die, all Eure und unsere Vorstellbarkeit überfliegend, das Eure und das Unsere bestätigt und verwirft, und alle Glaubenswahrheiten der Erde durch die Seinswahrheiten des Himmels ersetzt, die Eine ist.
Euch und uns, jedem geziemt es, den eigenen Wahrheitsglauben, das heißt: das eigene Realverhältnis zur Wahrheit, unverbrüchlich festzuhalten: und euch und uns, jedem geziemt die gläubige Ehrfurcht vor dem Wahrheitsglauben des anderen. Das ist nicht, was man ‚Toleranz' nennt: Es ist nicht an dem, das Irren des anderen hinzunehmen, sondern dessen Realverhältnis zur Wahrheit anzuerkennen. Sobald es uns, Christen und Juden, wirklich um Gott selber und nicht bloß um unsere Gottesbilder zu tun ist, sind wir, Juden und Christen, in der Ahnung verbunden, dass das Haus unseres Vaters anders beschaffen ist, als unsere menschlichen Grundrisse meinen.'"
Der andere jüdische Gesprächspartner war Schalom Ben-Chorin (1913-1999). Er wurde als Fritz Rosenthal in München geboren, schloss sich 1928 einer zionistischen Jugendgruppe an und nannte sich seitdem Schalom Ben-Chorin (Friede, Sohn der Freiheit). Er hatte eine Buchhändlerlehre absolviert, danach Germanistik, Theaterwissenschaft, Kunstgeschichte und vergleichende Religionswissenschaften

an der Ludwig-Maximilians-Universität in München studiert. Als Lyriker wurde er bekannt, emigrierte nach Jerusalem, setzte sich als Journalist für eine Neuordnung im Verhältnis von Juden und Christen ein.
Charlotte Petersen berichtet von einem Vortrag, den sie gehört hatte und der ihr nachdrücklich geblieben war. „Nach einer eingehenden Würdigung der vergangenen Zeitspannen, die dem Judentum einen geringen Raum zustanden, in Unverständnis, Ablehnung, Antisemitismus und schließlich im Rassenhass der Nazis endete, der die Vernichtung der Juden zum Ziel hatte, kam Ben-Chorin auf die Gegenwart zu sprechen:
„Es (ist) tatsächlich erst nach dem Zweiten Weltkrieg zu dem ernsthaften Versuch von Dialogen zwischen Christen und Juden gekommen. Christen kamen dahinter, dass sie ‚den Juden überhaupt nicht gekannt' hatten. Christen, vor allem in Deutschland, gingen aus dem Gefühl der Schuld auf Juden zu. Aber drei Jahre später, bei der Staatsgründung Israels 1948, wurde das Gefühl der Schuld gewandelt in ein großes Staunen: Dass dies möglich war, nur sechs Jahre nach der Wannsee-Konferenz, wurde mit Ergriffenheit zur Kenntnis genommen, und viele begriffen, dass hier in einer Jahrtausende alten Verheißung eine heilsgeschichtliche Komponente mit anklingt. Aber Schuld und Staunen sind Emotionen, die man nicht auf Eis legen kann," sagte Ben-Chorin. Er wollte nichts von einer Kollektivschuld wissen – er sprach jedoch von einer Kollektivverantwortung, die alle umfasst. Alte und Junge – die Verantwortung dafür, dass sich so etwas nie wieder ereignen darf.
Es wird darüber hinaus darauf ankommen, dass immer mehr Christen die Bezugnahme des Christentums auf das Judentum erkennen, sagte Ben-Chorin: Wer das Wort 'Nimm dein Kreuz auf dich und folge mir nach' verbindlich hört, der muss auch den kennen, dem er nachfolgen will, auch sein Judentum kennen. Es genügt nicht, sich mit dem Alten Testament zu beschäftigen…" Der Christ kann ohne Kenntnis

des Judentums seine eigene Religion nicht verstehen, sagte Ben-Chorin. Umgekehrt ist es nicht so: Der Jude braucht die Kenntnis des Christentums nicht, um seine Religion zu begreifen, aber trotzdem sollten Juden sich um das Wissen vom Christentum bemühen: „Es ist eine Herausforderung für uns Juden, dass von den vielen Messiassen, die es gegeben hat, ein einziger in Jesus von Nazareth übriggeblieben ist und in die Welt bis heute wirkt – dies und die andere Tatsache, dass das Judentum trotz aller Verfolgungen nicht untergegangen ist, lässt einen denken: Da ist doch etwas mit uns gemeint – mit Juden und mit Christen…"

In Evangelischen Gemeinden hat ein eindrucksvolles Lied Schalom Ben Chorin einen beachtlichen Zuspruch erfahren, so dass es im Evangelischen Gesangbuch seinen Platz gefunden hat: „Freunde, dass der Mandelzweig wieder blüht und treibt,/ist das nicht ein Fingerzeig, dass die Liebe bleibt?/Dass das Leben nicht verging, soviel Blut auch schreit,/achtet dieses nicht gering in der trübsten Zeit. -Tausende zerstampft der Krieg, eine Welt vergeht,/Doch des Lebens Blütensieg leicht im Winde weht./Freunde, dass der Mandelzweig sich in Blüten wiegt,/bleibe uns ein Fingerzeig, wie das Leben siegt." (Schalom Ben-Chorin 1942 nach Jeremia 1,11. 1981 mit einer Melodie von Fritz Baltruweit versehen, abgedruckt im Evangelischen Gesangbuch.)

Die Versöhnung zwischen Juden und Christen hat Charlotte Petersen nicht losgelassen. Neben ihren Berichten über die Wapniarka-Schützlinge war der Dialog zur Versöhnung ein Thema, das sie bewegte und worüber sie – wann immer es möglich war – berichtete.

Eine wesentliche Plattform für das wachsende Gespräch bildeten die Veranstaltungen auf den Deutschen Evangelischen Kirchentagen. In der Regel waren die Hallen, die Tausenden Platz boten, lange vor Veranstaltungsbeginn überfüllt. Vom Kölner Kirchentag 1965 liegt uns noch ein ausführlicher Bericht vor. Wir beschränken uns hier auf die Würdigung des Beitrags von Professor Helmut Gollwitzer. Er sprach von

der Begegnung zwischen Juden und Christen in Deutschland und stellte hart und klar die Mitschuld gerade auch der christlichen Gemeinden an dem furchtbaren Geschehen heraus: ‚Dass überhaupt solche Begegnungen möglich sind, liegt daran, dass die vollständige Ausrottung des jüdischen Volkes nicht gelang. Sie ist verhindert worden – aber nicht durch unsern Widerstand, Opfermut, nicht dadurch, dass sich die Christen und die christlichen Kirchen wie eine Mauer zwischen die Juden und ihre Verfolger stellten, sondern durch den Sieg der Alliierten über Hitlerdeutschland. Jeder Jude, dem wir begegnen, ist ein wunderbar Geretteter. Es kann keiner heute ein Christ sein in Deutschland, ohne tief dankbar zu sein, dass es diese trotz unseres Versagens Geretteten und Überlebenden gibt. Es kann aber keiner dankbar dafür sein, ohne sich zu sehnen, mit diesen Geretteten wieder zusammen leben zu dürfen, nun aber auf bessere und neue Weise, anders als früher, ihnen also jetzt endlich zu begegnen im vollen Sinne dieses schönen Wortes…‘ Es genüge hier keine Koexistenz, kein friedliches Nebeneinander in Toleranz, es müsse zur ‚Pro-Existenz‘ kommen, zum Dasein für den andern, sagte Helmut Gollwitzer…“ (Gekürzter Abdruck aus Unser Weg. Jhrg. und Nr. der Ausgabe leider nicht feststellbar.)
Bereits in den ersten Jahren nach dem Krieg kam es zur Gründung von Gesellschaften für christlich-jüdische Zusammenarbeit. Charlotte Petersen war daran interessiert, für ihre Berichterstattung wichtige Veranstaltungen zu besuchen. Gerne bediente sie sich dabei freundschaftlicher Fahrdienste. So erzählt Hartmut May von Fahrten nach Siegen. Als es um die Gründung einer Gesellschaft in Dillenburg gegangen sei, habe sich Charlotte Petersen dagegen ausgesprochen. Sie habe nicht geglaubt, dort eine entsprechend große Resonanz zu finden. Schließlich gehörte sie dann doch zu den Gründungsmitgliedern, die im November 1988, fünfzig Jahre nach der furchtbaren Pogromnacht, die Gesellschaft für christlich-jüdische Zusammenarbeit in Dillenburg ins Leben

riefen. Überrascht waren die Initiatoren über das Echo. Die Zahl der Mitglieder sorgte für den Aufbau einer vielbeachteten Arbeit, die weit über die Grenzen Dillenburgs hinaus reicht. Ein Blick auf die Ziele der Gesellschaft zeigt, dass hier ausgesprochen und verwirklicht wird, was Charlotte Petersen gesucht und wonach sie getrachtet hatte. Es lohnt, sich wenigstens auszugsweise zu informieren:
„Die Gesellschaften für christlich-jüdische Zusammenarbeit wissen von der historischen Schuld und stellen sich der bleibenden Verantwortung angesichts der in Deutschland und Europa von Deutschen und in deutschem Namen betriebenen Vernichtung jüdischen Lebens. Begründet in der biblischen Tradition folgen sie der Überzeugung, dass im politischen und religiösen Leben eine Orientierung nötig ist, die ernst macht mit der Verwirklichung der Rechte aller Menschen auf Leben und Freiheit ohne Unterschied des Glaubens, der Herkunft oder des Geschlechts.“ Ausführlich werden die Aufgaben der Christlich-jüdischen Zusammenarbeit aufgezählt, religiöser Antijudaismus, rassistischer und politischer Antisemitismus sowie Antizionismus abgelehnt. „Alle, die für diese Ziele eintreten, sind willkommen. Erziehungs-, Bildungs-, und Jugendarbeit sowie die Zusammenarbeit mit Gruppen und Parteien, die sich ähnlichen Aufgaben verpflichtet haben, werden gefördert.“
Es ist nachvollziehbar, dass sich Charlotte Petersen in dieser Gesellschaft wohl fühlte, sich für die Ziele im Rahmen ihrer Arbeit einsetzte. So war es nur zu verständlich, dass die Gesellschaft sich dafür einsetzte, dass das Wapniarka-Hilfswerk durch die Verleihung der Buber-Rosenzweig-Medaille gewürdigt wurde. 1990 wurde Charlotte Petersen während der „Woche der Brüderlichkeit“ in Nürnberg mit der Medaille ausgezeichnet.

Charlotte Petersen bei der Verleihung der Buber-Rosenzweig Medaille 1990 mit Prof. Eckhard von Nordheim, Vorsitzender der Gesellschaften für christlich-jüdische Zusammenarbeit.

6. Verdiente Anerkennung

Vom Bundesverdienstkreuz Erster Klasse bis zur Buber-Rosenzweig-Medaille Ehrenbürgerrechte der Stadt Dillenburg - Der ausgefallene Empfang zum 90. Geburtstag

Wenn wir ein Bild aus dem gesellschaftlichen Bereich suchen, mit dem sich Menschen Ehrung und Achtung verdienen wollen, dann fällt uns die Karriereleiter ein. Manchmal wird sie durch mehr oder weniger auffällige Bemühungen auf der Ehrgeizplattform erzwungen. Meistens aber wird versucht, mit der Karriereleiter das äußerste zu erreichen. Eine Karriereleiter? Ein unerträgliches Bild für Charlotte Petersen. Sie hat keine Karriere angestrebt und war demgemäß dafür auch nicht anfällig. An ihrem Lebensende war die bescheidene, aber zielstrebige Frau für ihr Lebenswerk vielfach geehrt.
Verfolgen wir die Stufen dieser Ehrenleiter:
Mehrere Urkunden über langjährige Mitgliedschaft (z.B. im Roten Kreuz) bleiben hier unberücksichtigt.
1967 wurde ihr als erste öffentliche Anerkennung für ihr tatkräftiges Wirken durch das Wapniarka-Hilfswerk auf Antrag des Deutschen Frauenrings (DFR) das Bundesverdienstkreuz Erster Klasse durch den damaligen Landrat Dr. Rehrmann überreicht.
Dazu gibt es eine schöne Episode, die Charlotte Petersen selbst erzählt hat. Als sie in jenen Jahren Hilda Heinemann besuchte, wurde sie mit dem Hinweis empfangen: Es wartet eine Überraschung auf Sie! Auf die Frage, was es für eine Überraschung wäre, wurde ihr gesagt: Sie erhalten das Bundesverdienstkreuz. Charlotte Petersen antwortete der überraschten Frau des Bundespräsidenten: Das habe ich schon!
1976 verlieh die Stadt Dillenburg ihre Oranierplakette an Charlotte Petersen. Damals war die Wapniarka-Aktion in vollem Gange. Es gefielen aber auch die kleinen oder größeren Beiträge in der Dill-Post, mit denen c.p. das kulturelle

Leben der Stadt an der Dill beschrieb.
1979 erfolgt die Verleihung der Marie-Munk-Plakette des Berliner Frauenbundes 1945 e.V. Im Vordergrund stehen die Frauen- und Menschenrechte, die durch die Geehrte besonders berücksichtigt worden sind. Im gleichen Jahr erhält Charlotte Petersen die Silberne Ehrennadel des Deutschen Frauenringes.
Größere Aufmerksamkeit verdient die Auszeichnung mit der Hedwig-Burgheim-Medaille der Universitätsstadt Gießen. Sie erfolgte am Geburtstag Hedwig Burgheims, am 28. August 1983. In der Urkunde heißt es : „ ..... Die Verleihung erfolgt im verpflichtenden Gedenken an die bis heute fortwirkende segensreiche Tätigkeit der Pädagogin Hedwig Burgheim, Leiterin des Fröbel-Seminars in Gießen von 1920 bis 1933."
Am 3. Februar 1985 erhielt Charlotte Petersen das Kronenkreuz des Diakonischen Werkes.
Ein bedeutendes Ereignis wird auf den 12. Juni 1986 datiert. Die Stadt Dillenburg verleiht Frau Charlotte Petersen „in dankbarer Würdigung ihres Wirkens um Wiedergutmachung und Versöhnung zwischen dem jüdischen und deutschen Volke und der damit verbundenen besonderen Verdienste um ihre Heimatstadt Dillenburg die Ehrenbürgerrechte", so der Wortlaut der Urkunde.
Am 1. Dezember 1989 wurde Charlotte Petersen die Wilhelm-Leuschner-Medaille „für Ver-dienste um das Land Hessen" durch Ministerpräsident Walter Wallmann verliehen. Ein Hinweis darauf, dass es politische Kräfte im Lande gab, die Charlotte Petersens Einsatz wohl zu würdigen wussten.
Am 25. November 1989 wurde Charlotte Petersen durch die Kreissynode des Evangelischen Kirchenkreises Köln-Mitte für ihre Menschenrechtsarbeit die Georg-Fritze-Gedächtnisgabe zugesprochen. „Die Pfarrer-Fritze-Gedächtnisgabe ist bestimmt für die Opfer von Diktatur und Gewalt und für solche Menschen oder Gruppen, die sich in besonderer Weise

für sie einsetzen. Der Kölner Pfarrer Georg Fritze war einer von den wenigen, die ohne Rücksicht auf ihr eigenes Schicksal für die Opfer des Nationalsozialismus eingetreten sind.“

Die Buber Rosenzweig-Medaille

Als Höhepunkt aller Ehrungen ist sicher die Verleihung der Buber-Rosenzweig-Medaille anzusehen, die während der Woche der Brüderlichkeit in Nürnberg am 4. März 1990 verliehen wurde. Der Wortlaut der Urkunde stellt fest: „Charlotte Petersen erhält diese Auszeichnung für ihren großen humanitären Einsatz zugunsten der Überlebenden des deutschen Konzentrationslagers Wapniarka in Südrußland. Sie hat mit dem 1959 gegründeten Wapniarka-Hilfswerk, das sie bis auf den heutigen Tag allein verwaltet, in vorbildlicher Weise einer großen Zahl von Menschen nicht nur Barmherzigkeit, sondern auch Recht und Gerechtigkeit zuteilwerden lassen.“ Der Vorsitzende des Koordinierungsrates, Prof. Dr. Eckhard v. Nordheim, stellte eine kurze, zutreffende Verbindung zwischen dem Thema der Woche und Charlotte Petersens Lebenswerk her: „Recht und Gerechtigkeit ermöglichen

Die Verleihung der Buber-Rosenzweig Medaille: die Dankesrede von Charlotte Petersen.

Freiheit und Frieden. Diese Botschaft, die schon die Propheten Israels verkündet haben, hat ihre Aktualität neu unter Beweis gestellt. Die Preisträgerin der Buber-Rosenzweig-Medaille 1990, Frau Charlotte Petersen, hat in diesem Bewusstsein ihr Lebenswerk, das Wapaniarka-Hilfswerk, aufgebaut. Sie hatte erkannt, dass es Versöhnung nicht geben könne ohne ausgleichende Gerechtigkeit, die an der Not des Opfers der Gewalt nicht bedauernd vorbeigeht, sondern so weit sie als Aufruf zur persönlichen Hilfeleistung versteht – vor allem dann, wenn die Maschen des Gesetzes der staatlichen Hilfe so weit sind, dass viele, die dringend auf Hilfe angewiesen sind, hindurchfallen und mit einem Achselzucken und dem höflichen Ausdruck des Bedauerns übergangen werden." Yohanander Meroz, der ehemalige Botschafter des Staates Israel in der Bundesrepublik Deutschland sagte in seinem Grußwort:

„...Ich hatte das dringende Bedürfnis, bei der Ehrung Charlotte Petersens zugegen zu sein, nicht für mich allein, sondern für die vielen in Israel, denen das Wapniarka-Werk ein wunderbares Zeugnis des Bemühens ist, aus der glühenden Asche unmenschlicher Entrechtung und Willkür Flammen versöhnender Menschlichkeit zu zünden... Ich danke dem Deutschen Koordinierungsrat, dass ich dabei sein darf."

Anlässlich ihres 90. Geburtstages würdigte die Stadt Dillenburg Charlotte Petersen mit der Kulturehrenplakette, die „für bedeutende kulturelle Leistungen" verliehen wird.

Schon früh war es zu einer Ehrung des Staates Israel gekommen. Ein Eintrag in das Goldene Buch „Fond Aufbau Israel" wurde als Diplomeintrag „unserer großen Freundin Charlotte Petersen" herausgestellt.

Bereits im März 1968 hatte das Komitee des Verbandes Wapniarka beschlossen, Frau Charlotte Petersen zum Ehrenmitglied des Verbandes, „als bescheidene Dankesbezeugung für die unseren Invaliden gewährte humanitäre und moralische Hilfe" zu ernennen.

Über allen Ehrungen bleibt aber die schönste und zutreffendste Würdigung die der Wapniarka-Opfer, die Charlotte Petersen gerne ihren Engel nannten.

Der ausgefallene Empfang zum 90. Geburtstag

Zum 90. Geburtstag Charlotte Petersens, am 11. Juni 1994, hatten die Gesellschaft für Christlich-Jüdische Zusammenarbeit Dillenburg e.V. und der Magistrat der Stadt Dillenburg einen gemeinsamen Empfang zu Ehren der Jubilarin vorgesehen. Durch einen Krankenhausaufenthalt konnte diese Veranstaltung nicht stattfinden. Am Krankenbett überbrachten einige Mitglieder des Dillenburger Kammerchores unter Leitung von Karl Peter Chilla einen musikalischen Ge-

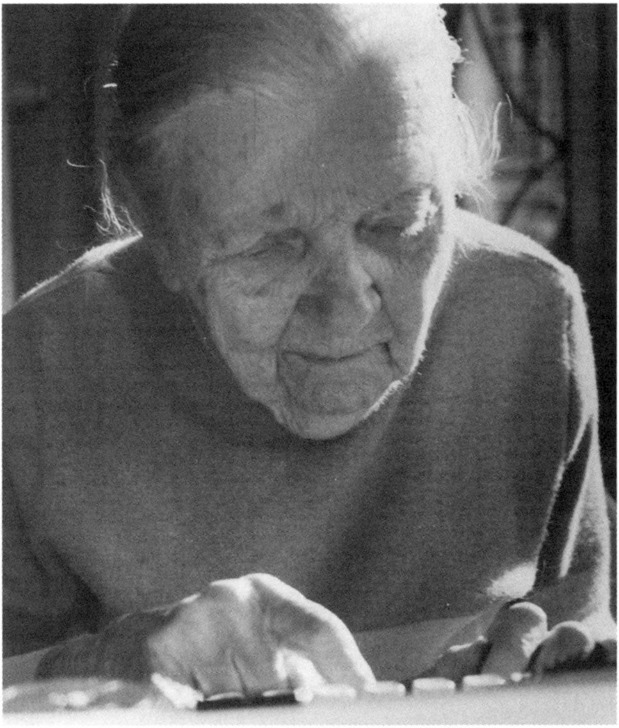

Charlotte Petersen nahm bis kurz vor ihrem 90. Geburtstag Termine als Journalistin wahr.

burtstagsgruß mit dem Lied Dietrich Bonhoeffers: „Von guten Mächten wunderbar geborgen, erwarten wir getrost, was kommen mag. Gott ist mit uns am Abend und am Morgen und ganz gewiss an jedem neuen Tag."

Die Würdigung durch Prof. Martin Stöhr

Die für den geplanten, aber leider ausgefallenen Empfang vorgesehene Laudatio sollte der langjährige Weggefährte Dr. Martin Stöhr, damals Professor an der Universität Siegen, halten. Eine bemerkenswerte Würdigung für die Neunzigjährige, in der die Problematik der Zeitgeschichte und in ihr Charlotte Petersens Wirken zusammengefasst wurde. Hier ein Auszug. Stöhr bezieht sich auf die Antwort von Martin Buber an Charlotte Petersen (siehe Kapitel 3): „Haben Sie Dank für Ihre so unmittelbare Äußerung. Seien Sie gewiss, dass solch ein Wort zu solch einer Stunde nicht nur ein menschliches, sondern auch sein göttliches Ziel nicht verfehlt. Die Gnade sei mit uns allen‘. Sie nennt diesen Brief den ‚schönsten Brief meines Lebens" Es war eine Stimme aus dem jüdischen Volk, das isoliert und vernichtet werden sollte. Charlotte Petersens Brief an Martin Buber war ein Zeichen der Solidarität mit Verfolgten und ein Widerspruch gegen die Verfolger. Ihre Nächstenliebe äußerte sich in Solidarität und Zivilcourage, als beide knapp waren. Ihren jüdischen Freundinnen leistete sie Fluchthilfe zur Rettung.
Dort stehen, dort sich stellen, wo Menschen verachtet, bedroht, getötet werden, da stand und steht Charlotte Petersen, damit „göttliche und menschliche Ziele" nicht in den Wolken politischen Geredes und folgenloser Frömmigkeit hängen bleiben, sondern auf der Erde im unbequemen Alltag Wirklichkeit werden.
Es war die Zeit, in der die Mehrheit der Deutschen auch wusste, wo sie stand: Hinter der Deutschnationalen Volkspartei und der NSDAP, denen sie in einer demokratischen Wahl zur Macht verholfen hatte.

Diese Mehrheit stand nicht gegen das Ermächtigungsgesetz, nicht gegen die Ausschaltung der Grundrechte von Menschen, nicht gegen das Berufsverbot für Juden oder den staatlich angeordneten Vandalismus des Boykotts jüdischer Geschäfte. Wie alle Deutschen hatte Charlotte Petersen ein Gewissen. Sie gehörte zur Minderheit, die es benutzte.
Sie sagte später über ihr Hilfswerk: ‚Meine Freunde, ich war es ja gar nicht,' die half und hilft. Es waren ‚die Vielen'. Aber die Vielen hätten nicht helfen können, wenn Sie, liebe ‚Frau Petersen, die Nächstenliebe nicht mit Zähigkeit, Phantasie und gewinnender Kraft ausgestattet hätten. Ihre völlig andere Bescheidenheit unterscheidet sich wohltuend von der Haltung der Wissenschaftler, Soldaten, Journalisten, Juristen oder Kirchenleute, die nach 1945 sagten: „Meine Freunde, ich war es ja gar nicht." Ich habe nur gemacht, was vorgeschrieben war, ich konnte nicht anders. Befehl ist Befehl. Ich tat nur, was die Zeit verlangte... Wir mussten es tun. Wir wollten leben – Der Nationalsozialismus war nicht zuerst das Werk eines Dämon Hitler, er war zuerst das Werk von Menschen, die nur für sich selbst und ihre Spezialaufgaben zuständig waren, nicht aber für die menschlichen und göttlichen Ziele, als Menschen menschlich zusammen zu leben.
Seit den zwanziger Jahren war die Propaganda zu lesen und zu hören: „Unsere Aufgabe ist..., dass (wie in Deutschland) so im Osten nur Menschen wirklich deutschen, germanischen Blutes wohnen." (H. Himmler, 1941). Deutschland den Deutschen. Und die außerdeutsche Welt sortieren wir so, dass sie in unser deutsches Weltbild passt.
Charlotte Petersen aber hatte einen menschlichen Blick auf die Welt und ihre Menschen. Sie sah und sieht die Gefährdung der Menschlichkeit; so blickt sie auf die deutsche Geschichte. Es ist nicht ihre Schuld, aber ihre Verantwortung und Haftung. Am deutschen Wesen sollte die Welt genesen. Dieses Experiment nationaler Überheblichkeit verletzt und tötet bis heute.
„Ich habe mich in meinem Leben nicht so geschämt, deutsch zu sein, wie damals, als ich zum ersten Mal diesen armen

Menschen gegenüber stand. Ich habe mich nicht nur geschämt für Deutschland von damals, daß es solch Unmenschliches getan hat, sondern auch für das Deutschland von heute, das satt und zufrieden lebt und an solchen Dingen vorübergeht."

Charlotte Petersen ging nicht vorüber, aber sie fühlte sich nicht als der barmherzige Samariter, so erzählte sie einmal, der den Menschen auf den vielen Straßen zwischen Dillenburg und Wapniarka, Frankfurt und Maidanek, Siegen und Bergen-Belsen, München und Dachau, Berlin und Auschwitz half. Sie war ehrlich und zählte sich zu dem Volk der Räuber, die den Überfall auf die Juden vorbereitet, ausgeführt und hingenommen hatte. Sie ging aber nicht an den Überlebenden von Wapniarka vorüber. Das wurde ihr klar, als sie in Israel vor 35 Jahren mit Hilda Heinemann zum ersten Mal den Opfern deutsch-rumänischer Zusammenarbeit auf dem Gebiet wissenschaftlicher und soldatischer Menschenverachtung begegnete und die Bundesbehörden aus „gesetzestechnischen Gründen" nicht halfen, als ob jenes Lager Wapniarka nicht zum Raum deutscher Kommandosprache und Unkultur gehört hätte.

Sie übernahm die Aufgabe „ein wenig von der deutschen Schuld abzutragen". Das hat nichts mit Schuldgefühlen, wohl aber mit der klaren Einsicht zu tun, dass Menschen vergiftet wurden, ... Wurden sie nicht als Untermenschen behandelt? Weniger als Tiere? Sie leiden zu lassen und durch neue Menschenversuche und Zwangsarbeit langsam zu foltern und zu töten, bot den betriebswirtschaftlichen Nutzen billiger Arbeitskräfte und die Bestätigung der eigenen Überlegenheit durch die Erniedrigung anderer.

Aus den deutsch-rumänischen Konzentrationslagern, schrieb das Institut für Zeitgeschichte 1957, besorgten sich „deutsche Firmen, Wehrmachtseinheiten, Bauabteilungen der Organisation TODT und andere Dienststellen des Reiches in Transnistrien die Juden in den Lagern und Ghettos als billige Arbeitskräfte"...

Fünfzig Jahre ist es her, dass die Überlebenden – heute sind es ca. 400, die alle die Hilfe zum Überleben Frau Petersen verdanken – aus dem Lager befreit wurden. Fünfzig Jahre ist es her, daß ein Tyrannenmord Hitler beseitigen sollte. Der 20. Juli misslang wie die Pläne der Roten Kapelle und der Weißen Rose. Aber das Erbe derer, die sich nicht anpassten, lebt in den Menschen, die Widerstand für die göttlichen und menschlichen Ziele ... praktizierten. Charlotte Petersens Aktivität, ihr Talent Menschen zu motivieren und Gelder zu mobilisieren, Prothesen und Medikamente zu besorgen, widersteht auch heute noch jedem Triumph von Gleichgültigkeit, Menschenverachtung und Gewalt. Ein Schlussstrich unter diesen Teil der deutschen Geschichte zu ziehen, hätte geheißen , einen Strich durch lebende Menschen zu machen. Vielleicht hängt es damit zusammen, dass sich zu wenig Menschen an den göttlichen und menschlichen Zielen orientieren, die schon Martin Buber bei Charlotte Petersen entdeckte. Ihr heute an diesem Geburtstag Dank zu sagen, heißt, von ihr zu lernen."

Editorische Anmerkung: An wenigen Stellen ist die Ansprache von Prof. Martin Stöhr leicht bearbeitet.

7. Ehrenvoller Abschied

Sterbetag und Trauerfeier - Die Beerdigung

Dann kam der 1. August 1994.
An diesem Tag starb Charlotte Petersen. Sie schlief in ihrem Haus ruhig und in Frieden ein. Sie war ihrer älteren Schwester Marie, mit der sie ihr Leben geteilt hatte, vorausgegangen.
Diesmal ging es um die Trauerfeier, zu der die Gesellschaft für Christlich-jüdische Zusam-menarbeit und der Magistrat der Stadt Dillenburg gemeinsam am 4. August in die Evangelische Kirche eingeladen hatten. Ca. 200 Menschen waren gekommen, um in dieser Abschiedsstunde der Verstorbenen zu gedenken. Für den musikalischen Rahmen sorgte Kantor Joachim Dreher an der Orgel mit zwei Fantasien von Johann Sebastian Bach (BWV 537 und BWV 562). Die Trauergemeinde sang den Bachchoral „Wenn wir in höchsten Nöten sein...“.
Für die Gesellschaft für Christlich-Jüdische Zusammenarbeit sprach Vorstandsmitglied Pfarrer i.R. Wilhelm Oetken zu Beginn und Abschluss der Trauerfeier.
Prof. Dr. Eckhard von Nordheim hatte für die Evangelische Kirche in Hessen und Nassau und den Deutschen Koordinierungsrat der Gesellschaften für Christlich-Jüdische Zusammenarbeit in Deutschland lobende Worte für die Verstorbene.
Die Stadt Dillenburg würdigte durch Bürgermeister Helmut Meckel ihre Ehrenbürgerin, die „in großer Bescheidenheit ihr ganzes Leben in den Dienst für andere Menschen stellte.“
Gertrud Keller erinnerte für den Deutschen Frauenring daran, dass ihre Organisation Charlotte Petersen für das Bundesverdienstkreuz vorgeschlagen hatte. Vertreter beider Kirchen und der journalistischen Kollegenschaft fanden anerkennende Worte für die Verstorbene.

Würdigung des Lebenswerkes durch Gottfried Schubert

Charlotte Petersens Stellvertreter Gottfried Schubert sprach für das Wapniarka-Hilfswerk. Er erinnerte an die große Leistung, die Charlotte Petersen aufgebracht habe, „aus bescheidenen Anfängen das Werk zu einer beachtlichen Größe zu führen.“ Schubert beschrieb die enorme Leistung, die Charlotte Petersen vollbracht habe: „Als ich im Jahr 1973 ihr Mitarbeiter wurde, betreute sie 180 Wapniarka-Familien mit einem monatlichen Finanzvolumen von 25.000 bis 30.000 DM. Betrachtet man diese trockenen Zahlen einmal im Hinblick auf die enorme Arbeit, die dahinter steckt, um das Geld überhaupt zu erhalten, sieht man erst, welcher gewaltigen körperlichen und geistigen Anstrengung sie sich unterwarf, um den armen Invaliden in Israel zu helfen. In Zeitungsartikeln, Vorträgen, Briefen, Ansprachen, Rundfunk- und Fernsehbeiträgen warb sie im ganzen Lande unentwegt für ihr Hilfswerk und schaffte es, dass bis zum heutigen Tage, also 35 Jahre nach den ersten Schritten, ihr Werk nicht nur weiter besteht, sondern so ausgeweitet werden konnte, dass wir seit 1992 in der Lage sind, jährlich fast 900.000 DM nach Israel zu transferieren.

Charlotte Petersen war bei körperlicher Belastung sich selbst gegenüber oft unerbittlich, was ich bei unseren gemeinsamen Israelbesuchen, die in der Regel für sie recht anstrengend waren, immer wieder feststellen konnte. Es dauerte lange, bis sie es zögernd zuließ, sich zu beschwerliche Dinge abnehmen zu lassen...

Bei aller Härte sich selbst und mancher Schroffheit anderen gegenüber war Charlotte Petersen ein gütiger und ein demütiger Mensch, denn es war ihr sehr bewusst, dass sie ohne Gottes Hilfe nichts hätte bewirken können. So wies sie bei jeder Ehrung, die ihr privat und öffentlich zuteil wurde, immer wieder auf „den Anderen“, auf Gott hin...

Ihre Haltung hat uns Mitarbeiter geprägt. Auch wir versuchen mit unserer Weiterarbeit ein wenig von der unermes-

slichen Schuld des nationalsozialistischen Deutschlands abzutragen. Als wir Charlotte Petersen an ihrem Krankenlager versicherten, dass wir das Wapniarka-Hilfswerk in ihrem Sinne weiterführen werden, sagte sie: „Das weiß ich."
Nun liegt das Werk in unseren Händen, und wir werden es weiterführen, solange es unsere Kräfte zulassen und Menschen bereit sind, dafür Geld zu opfern.
Ganz im Sinne Charlotte Petersens darf ich deshalb bei der Feier zu ihrem Gedenken allen Freunden der Wapniarkaarbeit die Bitte zurufen: Bleiben Sie dem Hilfswerk treu!
Verehrte Trauergäste, ich stehe hier nicht nur als Vertreter des Wapniarka-Hilfswerks, sondern auch stellvertretend für den Vorsitzenden der Vereinigung der ehemaligen Wapniarka-Häftlinge in Israel, Herrn Professor Benditer. Er konnte selber nicht die Mühe des Flugs hierher auf sich nehmen, um zur Trauerfeier zu kommen, dazu ist er gesundheitlich zu sehr angeschlagen. So schickte er ein Telegramm, das ich verlesen möchte:
Der Dank der ehemaligen Wapniarka-Häftlinge
'In tiefer Trauer haben wir die Nachricht vom Ableben Charlotte Petersens vernommen. Ihr Name ist untrennbar verbunden mit dem Wapniarka-Hilfswerk, dessen Bestreben es ist, den Invaliden des Konzentrationslagers Wapniarka Hilfe zu bringen. Wir werden Charlotte Petersen immer in dankbarer Erinnerung behalten. Möge sie in Frieden ruhen!
Ichiel Benditer, Organisation of Invalid-victims – Exterminations Camp Wapniarka'

Die Beerdigung und Trauerrede durch Pfarrer Klaus-Peter Mücke

Am 5. August, vormittags, fand auf dem Dillenburger Friedhof die Beerdigung von Charlotte Petersen statt. Sie wurde durch den langjährigen Gemeindepfarrer Klaus-Peter Mükke gehalten. Zwischen Charlotte Petersen und Klaus-Peter Mücke bestand ein langjährig gewachsenes Vertrauensver-

hältnis. Beide wussten um die verschiedenen Aufgaben und respektierten sie.
Für die Ansprache hatte Pfarrer Mücke einen Vers aus dem ersten Korintherbrief gewählt. Dort schreibt der Apostel Paulus ein bemerkenswertes Wort: „Durch Gottes Gnade bin ich, was ich bin!“ (Hier die wesentlichen Auszüge aus der Trauerpredigt)
„Durch Gottes Gnade bin ich, was ich bin – dieses Pauluswort soll unsere Gedanken, unsere Erinnerungen, unsere Empfindungen jetzt beim endgültigen Abschiednehmen von Charlotte Petersen bestimmen.
In diesem Wort ist zusammengefasst, was Wesentliches und Entscheidendes über das Leben eines Menschen ausgesagt werden kann. Was mich geprägt hat, was mir möglich war, was ich getan habe – es ist nicht mein Verdienst, sondern es ist ein Geschenk, zumeist unverdientes Geschenk, es ist begründet in Gottes Barmherzigkeit und Gnade.
Anders kann ein Christenmensch sein Leben nicht verstehen – oder er hört auf, Christen-mensch zu sein.
Charlotte Petersen ist zutiefst von diesem Verständnis christlichen Glaubens geprägt worden.
Das, was für sie charakteristisch war, hatte viel mit ihrer Herkunft, mit ihrem Elternhaus, mit ihrem Wesen und mit ihrer Art zu tun. Aber ihre persönliche, ihre ganz eigene Zurücknahme bis in ihre Körperhaltung hinein - das ist nicht denkbar ohne ihren persönlichen Glauben. Von Gottes Gnade, von seiner Zuwendung bin ich, was ich bin, die ich bin.
Und weil diese für sie so selbstverständlich war, war es bei ihr, Gott sei Dank, auch keine christlich aufgesetzte Demut, wie wir sie so oft erleben. Im Gegenteil. Dieses: Von Gottes Gnade, von seiner Zuwendung bin ich, lebe ich - das gab ihr die Kraft, nun auch den ganzen Satz zu leben, auszuleben. Von seiner Gnade bin ich, was ich bin, die ich bin.
Ich kenne nur wenige Menschen, die so Ich-bewusst ihr Leben geführt haben wie Charlotte Petersen. Ihr Gottvertrauen ermöglichte ihr eine – wie Psychologen es wohl nennen wür-

den – ungebrochene Identität. Mit Gott im Rücken war ihr, der schwachen, kleinen, zierlichen Frau, nun fast alles möglich. Das machte sie unangreifbar.
Das verband sie zutiefst mit den Wurzeln des jüdischen Glaubens, des Glaubens, der Berge versetzen und den Gräueln der Hölle standhalten kann.
Für ihr Versöhnungswerk Wapniarka gab es viele moralische und rationale Gründe. Aber der tiefste Grund war diese gemeinsame Wurzel der Erfahrung des immer wieder neu gnädigen Gottes, des Gottes, mit dem allein alles steht und fällt. Von Gottes Gnaden bin ich, was ich bin, die ich bin – ohne diese Prägung ist das Leben von Charlotte Petersen unvorstellbar.
Sie haben mir, liebe Frau Marie Petersen, …geschildert, wie stark ihre Schwester auf diese Prägung, auf diese Kraft in ihrem Leben angewiesen war.
Ich habe Ihre Schwester in den Jahrzehnten, die ich sie kannte, als eine starke, auch gesundheitlich vitale Persönlichkeit erlebt. Ich denke, wir alle haben sie so in Erinnerung. Sie haben mir erzählt, dass ihre Schwester in ihrer ersten Lebenshälfte gesundheitlich viel anfälliger gewesen ist, immer wieder gegen Rückschläge ankämpfen musste. Auch gegen Rückschläge, die sie in ihrem beruflichen Werdegang erfuhr. Schwere Rückschläge 1933 und vor allem 1938 in ihrem Eintreten für die Juden gegen ihre Verfolger. Es war eine schwere Zeit für sie, auch wenn sie gerade in dieser Zeit Freundschaften geknüpfte hat, die ihr ganzes weiteres Leben hielten und ihr wichtig blieben.
Erst mit ihrer journalistischen Tätigkeit nach 1948 und vor allem mit dem Aufbau ihres Versöhnungswerkes Wapniarka wurde sie zu der Frau, die uns allen unvergessen bleiben wird. Durch Gottes Gnade bin ich, was ich bin. Paulus fährt fort: Und seine Gnade an mir ist nicht vergeblich gewesen, sondern ich habe viel mehr gearbeitet als sie alle; nicht aber ich, sondern Gottes Gnade, die mit mir ist.
Diese ihre Arbeit in ihrer Vielfalt verstand sie als ein selbst-

verständliches Tun - aus der Gnade Gottes mit den ihr anvertrauten Gaben.
Darum war es ihr genau so selbstverständlich, dass andere in ihr Tun einbezogen wurden... An dienstbaren Geistern hat es ihr nie gemangelt. Das war ihr selbstverständlich, auch wenn sie es immer wieder neu als ein Geschenk, also in Dankbarkeit entgegen nahm.
Darum noch einmal: Ich kenne kaum einen Menschen, der dies so ungebrochen, so überzeugend, so selbstbewusst und so bescheiden zugleich gelebt hat wie Charlotte Petersen. Das machte ihre Persönlichkeit aus, das war das Geheimnis des Erfolgs ihres Wapniarka-Werkes.
(An die Schwester gewandt) Ich habe Sie, liebe Frau Petersen...gefragt, was Ihnen für die Ansprache ...wichtig wäre. Und sie haben nach einigem Nachdenken geantwortet: Dass von ihr gerade für junge und jüngere Menschen Ermutigung ausgeht.
Sie haben Recht. Wir leben in einer Zeit, in der sich viele von uns sehr ohnmächtig erleben. In einer Zeit, die von viel Resignation bestimmt ist, kaum von Aufbruch, von mutigen Veränderungen. Charlotte Petersen hat vorgelebt – je älter sie wurde desto stärker – dass es möglich ist, gegen den Strom zu schwimmen, dass es möglich ist, Versöhnung zu bewirken, wo Unversöhnbarkeit Menschen und Völker regiert, für andere, für Schwache und Geschundene etwas zu tun in einer Welt, wo Egoismus sich immer mehr breit macht.
Aber sie hat dies nun wirklich nicht aus sich selbst heraus tun können. Von ihr wird unser Erinnern und Dankbarsein geleitet zu dem, der ihr und uns dieses Leben geschenkt hat. Von Gottes Gnade bin ich, was ich bin. Im Vertrauen zu ihm, dem Lebendigen, dem Leben schaffenden Gott, ist neues verändertes begnadetes Leben möglich, braucht die Welt nicht zu bleiben wie sie ist. Das ist dann gleichsam ihr Vermächtnis über den Tod hinaus.
Viel Ermutigung, viel Dynamik liegt für uns alle in dieser Zusage: Von Gottes Gnade bin ich, was ich bin. Amen.“

8. Das Hilfswerk stellt seine Arbeit ein

Rückgang der Spenden – Auflösung des Hilfswerkes – Bilanz der Arbeit

Das Wapniarka-Hilfswerk ohne Charlotte Petersen. In seiner Ansprache während der Trauerfeier in der Dillenburger Kirche hatte Gottfried Schubert, der zweite Vorsitzende des Hilfswerks, darauf hingewiesen, wie sehr die Mitarbeiterinnen und Mitarbeiter durch Charlotte Petersen geprägt wurden. „Auch wir versuchen mit unserer Weiterarbeit ein wenig von der unermesslichen Schuld des nationalsozialistischen Deutschlands abzutragen. Als wir Charlotte Petersen an ihrem Krankenlager versicherten, dass wir das Wapniarka-Hilfswerk in ihrem Sinne weiterführen werden, sagte sie: ‚Das weiß ich'."
Weiter führte Schubert aus: „Nun liegt das Werk in unseren Händen, und wir werden es weiterführen, solange es unsere Kräfte zulassen und Menschen bereit sind, dafür Geld zu opfern."

Die Weiterführung

Kontinuierlich gingen die Spendengelder zu den Opfern, um ihnen die bisher geleistete Hilfe zu gewährleisten. Trotz weiter eingehender Spenden war nicht zu übersehen, dass inzwischen Lücken im „Spendentopf" klafften. In einem Rundschreiben an die Freunde des Hilfswerks schreibt der Vorstand: „Wir greifen dabei inzwischen den Bestand an, der durch Frau Petersen mit strikter Sparsamkeit angesammelt worden war, aufgestockt durch manche großzügige Hinterlassenschaft verstorbener Spender. Die daraus erzielten Zinsen und Ihre Spenden waren jahrelang unsere Geldquelle für die Unterstützung der Invaliden, ohne den Bestand angreifen zu müssen. Inzwischen sind viele Spender ausgeschieden, so dass der Vorstand beschloss, lieber den Bestand anzugreifen, als die monatlichen Zahlungen zu kürzen. Unsere Schützlinge sind alt und krank, zum großen Teil sehr krank und brauchen dringend unser Geld. Ihre Zahl wird sich in den nächsten Jahren ganz natürlich verringern, und da meinen wir, sie sollten zu ihren Lebzeiten das vorhandene Geld erhalten, als dass später plötzlich eine größere Summe übrig ist, die den Toten nichts mehr nützt. Das heißt nun nicht, wir verschleuderten die Gelder. Nein, wir sind durchaus noch sehr stark auf ihre Spenden angewiesen; denn solange wir bezahlen, müssen Gelder nachfließen. Sonst könnten wir nicht mehr lange durchhalten."

In der Vorstandssitzung am 14. Dezember 1994 gab Rolf Teutsch „in seiner Eigenschaft als Charlotte Petersens Testamentsvollstrecker bekannt, dass das Wapniarka-Hilfswerk der Alleinerbe ist für die gesamte Hinterlassenschaften der Verstorbenen. Das ist der ½-Anteil an dem Grundvermögen – Wohnhaus Rotebergstraße 6 – und ihr Kapitalvermögen."

Die Zahl der Spender ging fühlbar zurück. 1999, im letzten D-Mark-jahr war die Zahl der Spender seit 1994, dem Todesjahr Charlotte Petersens, auf weniger als die Hälfte geschrumpft. Es war also nötig, in dieser Situation weiterhin um Spenden zu bitten.

Gottfried Schubert schreibt im Mai 1999: „Wir versuchen, mit den uns zur Verfügung stehenden Mitteln möglichst lange den seit vierzig Jahren beschrittenen Weg weiterzugehen, um im Sinne Charlotte Petersens gegenüber unseren noch lebenden Holocaust-Opfern ein wenig von der Schuld abzutragen, die uns Deutschen nun einmal durch die Nazi-Verbrechen anlastet. Da ist man immer wieder sprachlos, wenn man uns, die wir Deutsche sind, für die Hilfe dankt. Es ist nun aber so, und dieser Dank gebührt ganz Ihnen als Spender. Sally Abramovic sagte uns in Haifa beim Verabschieden: ‚Fun Hartzen Dank for die Stütze. Seid gesünd bis 2020!' So lange werden wir bestimmt nicht leben; aber so lange wir leben, wollen wir uns bemühen, mit Ihrer Hilfe die ‚Stütze' weiter zu bezahlen."

Im Jahr1998 konnten insgesamt 755.600.- DM transferiert werden. Davon gingen 616.800.- DM nach Israel und 138.800.- DM nach Rumänien.
Die Berichte des Vorstandes aus den Jahren 1999 und 2000 sind von Sorge und Zuversicht erfüllt. Der Kontakt zu den Opfern in Israel und Rumänien geschieht regelmäßig. Immer wieder starben Invaliden, so dass die Zahl der Begünstigten sich entsprechend verringerte.
2001 wird die Auflösung des Hilfswerks vorbereitet und beschlossen. Begründet wird dieser Schritt mit dem Rückgang der Spender. Die Zahlungen aus den Rücklagen übertreffen die der Spenden. Da die Vorstandsmitglieder Schubert und Teutsch ein hohes Alter erreicht haben, soll Vorsorge getroffen werden, dass im Notfall die Spenden nicht zweckentfremdet Verwendung finden (Heimfallregelung). Es wird beschlossen, das Hilfswerk zum 31. Dezember 2001 auslaufen zu lassen.
Die monatlichen Zuwendungen wurden so erhöht, dass bis zum Dezember 2001 die restlichen vorhandenen Mittel aufgebraucht waren.
Von der Sitzung am 12. Dezember 2001 heißt es im Protokoll: (TOP 2) „Herr Teutsch berichtet über den Verlauf der Geldentwicklung während der 42 Jahre des Bestehens des Hilfswerkes. Es wurden insgesamt 18.230.277,31 DM an Spendengeldern und deren Zinsen nach Israel und später auch nach Rumänien transferiert. Durch Erhöhung der Unterstützungsgelder seit Mai 2001 wurde das Vereinsvermögen soweit aufgebraucht, dass mit der Dezemberüberweisung die letzten Gelder transferiert und danach die Konten gelöscht werden konnten."
Im gleichen Protokoll heißt es im TOP 3: „Zur Auflösung des Vereins wird folgender Beschluss gefasst: Es wird festgestellt, dass das Vermögen des Hilfswerks vollständig zur Erfüllung des Vereinszwecks aufgebraucht ist. Der Verein ‚Wapniarka-Hilfswerk Charlotte Petersen e.V.' wird deshalb mit sofortiger Wirkung aufgelöst. Zu Liquidatoren werden Herr Rolf

Teutsch und Herr Gottfried Schubert bestellt. Jeder Liquidator ist allein zur Vertretung des Vereins berechtigt."
Sollte das wirklich das endgültige Ende sein?

Dinge, die „cp" Jahrzehnte benutzte: Schreibmaschine, Aktentasche, Kamera, Mantel und Hut von Charlotte Petersen in der Vitrine in der Stadthalle von Dillenburg

9. Die Vitrine genügt nicht - Verleihung der Charlotte-Petersen-Medaille

Die Vitrine in der Stadthalle dient dazu, die Verdienste von Charlotte Petersen im Blick zu behalten – Die Charlotte-Petersen-Medaille „für Verdienste um die Verständigung zwischen den Menschen“ hält ihr Anliegen wach

Mit dem Tod der Ehrenbürgerin Charlotte Petersen 1994 wuchs der Wunsch, ihre segensreiche Arbeit, die ihr verliehenen Ehrungen und die für ihre Person so typischen „Insignien“ für die Besucher der Stadthalle sichtbar zu machen. Der Vorstand des Wapniarka-Hilfswerkes bekam durch den Magistrat die Möglichkeit, eine am Eingang zur Halle aufgestellte Vitrine mit entsprechenden Gegenständen zu gestalten.

Das ist gelungen. Der erste Blick fällt auf ein sympathisches Foto, das Charlotte Petersen bei der Arbeit zeigt. Wie kann es anders sein, als mit einer Schreibmaschine, das „Werkzeug“, mit dem sie ihre Zeitungsartikel, aber auch ihre Bettel- und Kontaktbriefe schrieb. Ein Computer stand nie zur Diskussion.

In der Nähe des Bildes befinden sich ein Rahmen mit einem Zitat aus ihrem Vorwort zu Nathan Simons Zeugenbericht aus dem KZ Wapniarka „...auf allen Vieren werdet ihr hinauskriechen!“ und weitere Zitate.

„In der kleinen Frauengruppe, mit der ich im Jahre 1959 zum ersten Mal nach Israel reiste, befand sich auch Hilda Heinemann, die Frau des späteren Bundespräsidenten – und diesem Umstand habe ich es letztlich zu verdanken, dass mir mein Wunsch, in Israel eine Möglichkeit zu finden, ein wenig von der deutschen Schuld abzutragen, erfüllt wurde. Um dieser Ehefrau eines bekannten Politikers willen wurde die Gruppe mit dem Problem Wapniarka bekannt gemacht. Wapniarka – das war in der NS-Zeit ein deutsches KZ in der Ukraine, ein an sich kleines Lager, in dem ‚nur‘ ca. zweitausend Häftlin-

ge untergebracht waren. Das Besondere von Wapniarka war die Ernährung mit der giftigen Lathyruserbse, Lathyrus sativus, die eine Nervenlähmung hervorruft. Frau Heinemann und ich setzten uns dafür ein, eine Wiedergutmachung auf Rentenbasis für diese schwergeschädigten Menschen zu erreichen. Doch unsere Versuche scheiterten an der diesbezüglichen Gesetzgebung in der Bundesrepublik. So wurde das bescheidene ‚Hilfswerk Wapniarka' aufgebaut, das bemüht ist, den in Israel lebenden Opfern aus diesem Konzentrationslager den Rest ihres Lebens zu erleichtern..."
„Bei einer späteren Begegnung der beiden Damen nannte Bundespräsident Gustav Heinemann die Journalistin Charlotte Petersen aus Dillenburg ‚Bettlerin des Jahrhunderts.'"

In unmittelbarer Nähe des Bildes sind die „Insignien" Charlotte Petersens ausgestellt, die sie in ihrer Umgebung unverwechselbar erscheinen ließen: der grüne, etwas antiquierte Lodenmantel mit der gelben Mütze, die Aktentasche, in der die wertvolle Leica transportiert wurde. Bei den meisten Veranstaltungen hing sie griffbereit über der Schulter. Sie wusste mit diesem kostbaren Instrument hervorragend umzugehen. Ihre Dias, die sie vornehmlich von den Israelreisen mitbrachte, und die sie in ihren Vorträgen zeigte, begeisterten in der Regel ihre Zuhörer. Daneben steht die Reiseschreibmaschine. Einen entsprechenden Raum nehmen die Medaillen mit den dazu gehörenden Urkunden ein. Unglaublich erscheinen die zahlreichen Reisepässe, die ihm Lauf der vielen Jahre für die Reisen nach Israel u.a. benötigt wurden. Gut sichtbar wurde das Buch Simon Nathans platziert, dessen Schutzumschlag ein eindrucksvolles Bild eines KZ- Häftlings zeigt. Es wurde 1943 von Ben Shan gemalt .
Bemerkenswert ist ein Büchlein mit vergilbten Blättern, in dem Häftlingszeichnungen das Leben im Lager darstellten. Bilder und Bücher ergänzen die kleine Ausstellung.
1994 war das Todesjahr Charlotte Petersens. 2001 wurde die Arbeit des Wapniarka- Hilfwerkes beendet.

War damit das Anliegen und die Arbeit Charlotte Petersens endgültig erledigt? Keineswegs! Es war Hartmut May, der langjährige Unterstützer von Charlotte Petersen, der über Jahre mit seinem Ortsverein der Dillenburger SPD in Veranstaltungen über die Zeit des Dritten Reiches informierte, dies auch in einem großen Aufsatz in den Dillenburger Blättern über die Nazizeit in Dillenburg, eine Arbeit, die in der lokalen Heimatforschung singulär dasteht. Hartmut

Hartmut May führt an einem 9. November, dem Gedenktag der Reichspogromnacht, zu den Stätten in Dillenburg, die Schauplätze von Ereignissen während der Zeit des Dritten Reiches waren. Hier spricht er im Hofgarten.

Mays Engagement ging auch in die Gegenwart. Er lud prominente Fachleute ein zu Themen des Rassismus und der Verständigung mit den Juden. Er war es dann, der auch früh den Vorschlag der Ehrenbürgerschaft für Charlotte Petersen vorbereitete und über seine Partei in die städtischen Gremien hineintrug. Ebenso inspirierte er seine Freunde von der Christlich-Jüdischen Gesellschaft mit der Idee von der Charlotte Petersen Medaille: Es müsste etwas geben, mit dem regelmäßig die Öffentlichkeit daran erinnert werden kann, was durch die so beharrliche Arbeit Charlotte Petersens bewegt worden war: Versöhnung, Verständigung und Absage jeglicher Formen eines wie auch immer gearteten Rassismus. So kam es zum Antrag, die Stadt möge eine Medaille stiften, die an Charlotte Petersen erinnern sollte und mit der solche Menschen geehrt werden konnten, deren Einsatz für diese Werte eine besondere Würdigung verdient. Auch diese Idee fand allgemeine Zustimmung im Stadtparlament. Am 11. Juni 2001, dem Geburtstag Charlotte Petersens, verlieh der Magistrat der Stadt Dillenburg zum ersten Mal die von ihm gestiftete Charlotte-Petersen-Medaille.

Damit war eine Fortführung der durch Charlotte Petersen geleisteten Arbeit im weitesten Sinne gewährleistet.

In den Richtlinien über die Verleihung heißt es: In Anerkennung und Würdigung des großen Einsatzes von Frau Charlotte Petersen - für die Überlebenden des Konzentrationslagers Wapniarka - für Versöhnung zwischen Christen und Juden - für die Verständigung von Menschen verschiedener Religionen - und für in wirtschaftliche Not geratene Menschen stiftet die Stadt Dillenburg die „Charlotte-Petersen-Medaille".

Die Medaille zeigt auf der Vorderseite das Portrait von Charlotte Petersen, den Schriftzug „Charlotte Petersen" – „1904 – 1994" und die Inschrift „für Verdienste um die Verständigung zwischen den Menschen" sowie auf der Rückseite eine Ansicht der Stadt Dillenburg.

Die bisherigen Preisträger sind im Anhang des Buches aufgeführt.

Abschließend erinnern wir uns noch einmal: Als Marie Petersen vor der Beerdigung ihrer Schwester Charlotte durch Pfarrer Klaus-Peter Mücke gefragt wurde, was ihr für die Ansprache und damit im Hinblick auf das Vermächtnis ihrer Schwester wichtig sei, gab sie nach einigem Nachdenken zur Antwort: „Das von ihr (Charlotte) gerade für junge und jüngere Menschen Ermutigung ausgeht.“
Ein gutes Schlusswort für ein Gedenkbuch, das immer den Blick beispielhaft in die Zukunft gerichtet sehen will.

10. Abschluss und Dank

Mit Charlotte Petersen hatte ich Kontakt, seit ich 1958 meinen Dienst in der Evangelischen Kirche in Hessen und Nassau angetreten habe. Während ich neben meinem Pfarramt in der kirchlichen Pressearbeit tätig war, lag mir eine Berichterstattung über das Wapniarka-Hilfswerk und seine Initiatorin sehr am Herzen. So sammelte sich ein kleines Archiv an, auf das ich zurück greifen konnte. Ich lernte dabei auch Charlotte Petersen besser kennen, erhielt manche Manuskripte und wusste um ihren Fleiß, ihre Ausdauer und ihren Einsatz für das Wapniarka-Hilfswerk.
Schon im Ruhestand, fernab im Saarland, erfuhr ich von ihrem Tod. Voller Hochachtung erinnerte ich mich an vergangene Zeiten und legte meine Unterlagen nach nochmaliger Einsicht in die Nähe meines Schreibtischs. Ich erwartete eine Veröffentlichung über die jahrzehntelange Hilfe für die Wapniarka-Invaliden. Dabei blieb es.
Während einer Tagung traf ich Otto Kammer. Ich wusste um sein Engagement auf Burg Hohensolms, der Heimstätte Christdeutscher Jugend. Wir kamen auf Charlotte Petersen zu sprechen und waren uns darin einig, dass eigentlich ihr Lebenswerk noch gewürdigt werden müsste. Wir konnten uns sehr wohl eine Seminararbeit oder ähnliches vorstellen. Otto Kammer versuchte, interessierte Professoren oder Professorinnen dafür zu gewinnen. Leider ohne Erfolg. Nun sah ich mich selbst in der Pflicht, obwohl ich wusste, dass es schwer sein würde, genaue Unterlagen zu finden. Charlotte Petersen war immer zurückhaltend, wenn es um ihre Person ging.
Ich fand offene Türen und viele Menschen, die mein Vorhaben bejahten und unterstützten, obwohl es schon viel früher hätte geschehen müssen. Hier gilt mein Dank der Stadt Dillenburg, die mit ihrer Vitrine in der Stadthalle und mit der Verleihung der Charlotte-Petersen-Medaille die Erinnerung an ihre Ehrenbürgerin wach hält.
Nach und nach traf ich auf Weggefährtinnen und Wegge-

fährten, die mir ihre Erfahrungen mitteilten. Besonders hilfreich war mir Frau Ilse Müller, die mir mit ihrem Material kostbare Unterlagen zur Verfügung stellte. Auch die Gespräche mit Petersens Nachfolger Gottfried Schubert waren weiter führend. Wertvoll waren auch die Redemanuskripte, die sich in der Vitrine befinden und die ich gerne auswertete.
Dankbar bin ich für das Interesse, das meine Arbeit in der Gesellschaft für christlich-jüdische Zusammenarbeit fand. Hier waren es vor allem der Vorsitzende Dr. Christoph Münz und Hartmut May, die mein Anliegen bejahten und mich mit Rat und Tat unterstützten.
Dass Günther Bernd Ginzel das Geleitwort für mein Buch beisteuerte, freut mich besonders, denn Charlotte Petersen hat gerne seine Vorträge über das Judentum gehört und darüber berichtet. Die Suche nach dem „richtigen" Verlag führte uns zu Albrecht Thielmann, der als Dillenburger Verleger offen war, das Gedenkbuch zu verlegen. Er führte ein Interview mit Charlotte Petersen über ihren Lebensweg, das in seinen Beitrag eingeflossen ist.
Schließlich möchte ich noch einen besonderen Dank an Prof. Dr. Johannes Roskothen aus-sprechen. Lieber Johannes, du hast mir mit Rat und Tat zur Seite gestanden und mich dadurch in meinem Tun angeregt und wertvoll unterstützt. Das war mir eine große Freude.
Natürlich bleibt zum abschließend der Wunsch, dazu beigetragen zu haben, dass Charlotte Petersen und ihr Lebenswerk nicht vergessen wird, sondern als Vorbild einer starken Persönlichkeit lebendig bleibt.

Anhang

Einige frühe Texte von Charlotte Petersen

Beschämende Dankbarkeit

Zu den bewegenden Dingen in Israel gehört auch dies, dass einem nie gesagt wird: „Ihr habt uns damals nicht geholfen. Ihr habt nichts getan, um zu verhindern, dass Juden gemordet wurden", sondern dass einem immer angedeutet wird: „Ihr konntet uns ja gar nicht helfen." Es wird gewiss oft in dem Bemühen gesagt, den Gast zu schonen, ihm Selbstvorwürfe zu nehmen, ganz einfach ihm das Miteinander leichter zu machen, es ist aber erstaunlicher Weise auch aufrichtig gemeint. Ich denke daran, einen wie großen Raum in Yad Vashem gerade die Dokumente einnehmen, die verraten, wie lebensgefährlich es war, einem Juden zu helfen. Aber gerade dies„ dass man es für selbstverständlich hält, dass der äußerste Einsatz zur Hilfe für Juden nicht gewagt wurde und dass man hier nicht anklagt, - grade dies, was einem Beschämung ersparen soll, demütigt einen. Dass einzelne Menschen tatsächlich damals alles gewagt haben, um Juden zu retten, das wird nicht angesehen als etwas, was eben alle hätten tun können, sondern es wird davon gesprochen als von den großen Seltenheiten.

In Yad Vashem gibt es eine lange mit Sträuchern und Bäumchen bepflanzte Allee. Jeder hier gepflanzte Strauch trägt ein silbernes Schild, auf dem ein Name steht – es handelt sich um Menschen aus aller Welt, die sich für die Rettung von Juden eingesetzt haben, Wenn einer von Ihnen zum ersten Mal nach Israel kommt, wird er gebeten, in einem feierlichen Akt einen Strauch oder ein Bäumchen in Yad Vashem zu pflanzen, ein Gewächs, das seinen Namen trägt. Vor dem nüchternen Grauen in den Hallen von Yad Vashem stehen diese Rabatte der Versöhnung.

Verschiedentlich waren während meines Aufenthaltes Menschen bei israelischen Familien zu Besuch, die diese in der Hitlerzeit versteckt hatten und es wurde mir erzählt, was alles ihre dankbaren Gastgeber für sie taten. Es war nichts gut genug, man sah wirklich das Geld nicht an, das man hingab, man bezahlte die teuersten Hotelzimmer für diese Gäste und machte die kostspieligsten Fahrten mit ihnen, man verausgabte sich wirklich im wahrsten Sinne des Wortes und war strahlend und glücklich dabei, seiner Dankbarkeit Ausdruck zu geben zu können, „denn diese Menschen“, so wurde mir einmal gesagt, „haben getan, was man eigentlich gar nicht tun konnte, was unmöglich war. Sie haben Ihren Nächsten, der nun einmal ein armer Jude war, nicht nur ‚wie sich selbst‘, sondern mehr als sich selbst geliebt…“
Ich muss nun auch etwas von der Dankbarkeit sagen, die ich selber erfahren habe. Einer der Wapniarkaleute, der mich an einem der letzten Tage zum Hulesee fuhr – es war eine weite Tour, vor allem, da ich mit der Fahrt noch anderes verbinden wollte, und für den leidenden Mann war es eine große Anstrengung, - sagte, als ich ihm am Abend für das Geschenk dieses Tages dankte: „Wenn ich Sie zehn Jahre jeden Tag so führe, hätte ich meinen Dank noch nicht abgetragen…“ Es haben mir aber nicht nur meine Schützlinge immer wieder gedankt. Ich habe Dankbarkeit und Herzlichkeit auch von Menschen erfahren, für die ich nie etwas getan habe, - die mir aber danken wollten für das, was ich für die Leute von Wapniarka zu tun versuche. Ich bin immer wieder von mir ganz fremden Menschen eingeladen worden, die von mir gehört hatten, und die von mir von der Wapniarka-Aktion erzählt haben wollten: „Sie glauben nicht, was es uns bedeutet, dass es einen Menschen gibt, der so etwas tut.“ Ein anderer sagte: „Ich danke Ihnen – für Israel.“
Bei aller Freude darüber, dass mein bescheidenes Bemühen um die Opfer von Wapniarka mit solcher Dankbarkeit aufgenommen wurde – dieser große Dank ist auch tief beschämend. Man musste sich immer wieder fragen: Habe ich

damals wirklich alles getan, was ich hätte tun können? Haben wir alle, die wir „dagegen“ waren, uns nicht zu leicht damit genügen lassen, dass man nichts tun konnte? Haben wir die Grenzen dessen, was möglich gewesen wäre, wirklich erreicht?

Erstveröffentlichung am 25.07.1965 in Unser Weg

Begegnungen in Israel
Anmerkungen zu Gesprächen zwischen Juden und Christen

Günther.

„Ach, Sie wollen sicher zum Günther“, werde ich an der Bushaltestelle von Migdal angesprochen, „dann müssen Sie hier den Berg heraufgehen.“ Ich bejahe lachend, sage aber, dass ich lieber warten will, da „der Günther“ mich hier abholen wollte- und da ist er auch schon mit seinem Wagen und fährt mich hinauf.

Günther G. – was ist es mit dem Mann, der als Deutscher und Christ ein großes Behinderten-zentrum mit Wohnheim und Werkstätten betreut? Früher hat er eine leitende Stellung in einem caritativen Werk in Israel gehabt, und da haben wir uns vor mehreren Jahren kennen-gelernt. Dass er diese Stellung aufgab und sich etwas anderes suchte, hat letzten Endes theologische Gründe: „Ich komme ja selbst aus der Erweckungsbewegung – aber diese Einstellung liegt weit hinter mir. Ich kann das nicht mehr ertragen, wenn Christen bei allem, was sie für Juden tun, von der Haltung ausgehen: ‚Die armen Juden – sie haben ja das Heil nicht erkannt…“ Wenn man in Israel lebt, und wirklich mit den Menschen hier zusammen, ihre Sprache spricht und ihre Landschaft auf sich wirken lässt, dann, so meint Günther, bekommt man einen anderen Blick für das Judentum – und man kann sich als Christ nicht mehr überheben.

Er erzählt mir, dass er mit seinen Kindern jeden Samstag eine Bibelstelle bespricht – und er nahm bewusst neulich das Wort Auge um Auge, Zahn um Zahn. „ Gerade dieses Wort ist von Christen so oft missbraucht worden – man hat an ihm demonstrieren wollen: „So sind die Juden – aber wir Christen sind anders…“ Ich habe meinen Kindern erklärt, dass dies Wort aus der Zeit verstanden werden muss. In der es gesagt wurde – und dass es damals eine Befreiung war: Die Menschen, die aus der ägyptischen Sklaverei kamen, die gewohnt waren, dass man sie ungestraft misshandeln durfte – für sie war es eine Erlösung, dass hier eine Ordnung aufgestellt wurde, ein Maßstab, der das Zusammenleben regelte, wobei es natürlich nie so war, dass dem, der im Streit einem anderen das Auge ausgeschlagen hatte, dafür ein Auge hergeben musste, aber er musste einen Wert dafür bezahlen.“

Dass der „ Günther“ eine besondere Gabe hat, Zugang bei anderen zu finden, merke ich an dem Verhalten der Behinderten ihm gegenüber – jedes dieser armen Gesichter verklärt sich, wenn er auftaucht. Und ihm spürt man bei diesen Begegnungen an, dass er mit einer ruhigen Gelassenheit in solchen Momenten ausschließlich für sein Gegenüber da ist und es ernst nimmt.

Charakteristisch für ihn ist eine merkwürdige Geschichte. Da war ein orthodoxer chassidischer Rabbi mit seinem Bruder unterwegs. Der Bruder war rauschgiftsüchtig. Er kehrte mit ihm in dem Cafe an der Bushaltestelle in Migdal ein und kam mit jemandem ins Gespräch, erzählte von dem Leid, das ihn durch die Sucht seines Bruders betroffen hat und frug, ob nicht hier, in der schönen Landschaft am See Genezareth, jemand wäre, dem er seinen Bruder anvertrauen könnte – er wollte ihn so gern in einer anderen Umgebung wissen. „Ja“, sagte sein Gesprächspartner, „vielleicht geht das beim Günther“, und beschrieb ihm den Weg zu dem hochgelegenen Behindertenheim. Für Günther G. bedeutete es einen schweren Konflikt: Konnte er riskieren, einen Rauschgift-süchtigen aufzunehmen und die Behinderten dieser Gefahr auszusetzen? Als er die Verzweiflung des Bruders sah, willigte er ein, den Versuch zu wagen und den Betroffenen eine Woche aufzunehmen. Der Suchtkranke hatte selber nicht geglaubt, dass er es acht Tage ohne das Gift aushalten könnte –aber er hielt durch. Der glückliche Bruder bat darum, seinen Bruder länger zu behalten, er selber musste zurück zu seiner Gemeinde. Trotz schwerer Bedenken willigte Günther G. ein. Und es geschah das kaum Erhoffte: Der Suchtkranke wurde frei ohne Rückfälle – und, was ebenso wichtig ist: Er fand in der Arbeit an den Behinderten eine Befriedigung und einen Sinn seines Lebens...

Es ist Günther G. sehr wichtig, dass er von seiner Umgebung „angenommen“ wird und die Menschen Vertrauen zu ihm haben und dass ihm dadurch ermöglicht wird zu helfen. Sie spüren, dass seine Zuwendung echt ist. Sie öffnen sich ihm und vertrauen ihm an, was sie belastet und quält.

Es ist verständlich, dass das Gerücht von dem merkwürdigen Mann, der in Migdad lebt, weite Kreise zieht. So hatten auch einmal ein paar orthodoxe Rabbiner von ihm gehört

Und machten sich auf den Weg: „Was, ein Christ und noch dazu ein Deutscher, wirkt da oben – sicher will er missionieren!“ Wie überrascht waren sie, als Günther sofort freundlich zu einem „Verhör“ bereit war. Und sie fielen von einem Staunen ins andere, als sie merkten, es mit einem Christen zu tun zu haben, der das Judentum mit Hochachtung und Respekt betrachtet und der darum weiß, dass das Christentum sich von seiner Wurzel im Judentum nicht trennen kann. Die kämpferischen orthodoxen Rabbiner, die geglaubt hatten, einen Feind des Judentums das Handwerk legen zu müssen, hatten in diesem einen Freund gewonnen. „Ich kann mich auf sie verlassen“, sagt Günther, „wenn ich Hilfe von dieser Seite brauche, ich bekomme sie.“

Die Stunden mit Günther sind viel zu schnell vergangen. Ich scheide mit tiefer Dankbarkeit im Herzen – Dankbarkeit dafür, dass es solche Christen in Israel gibt und dass sie ihren Dienst in brüderlicher Solidarität tun.

Aus: Tribüne, Heft 103 (1987),S. 62

Notenblätter als Tarnung für die Dokumente der Vernichtung

Nach der dritten Israelreise berichtete Charlotte Petersen und lud die Leser ein zu Patenschaften für Wapniarka-Geschädigte

Wapniarka
Die Lage meiner Schützlinge hat sich verschlechtert. Einmal dadurch, dass es bei diesen, durch die im Konzentrationslager Wapniarka erfolgte Ernährung mit der Lathyruserbse, hervorgerufene Leiden keinen Stillstand gibt. Es ist eine progressive, eine fortschreitende Krankheit. Außerdem haben die letzten medizinischen Untersuchungen ergeben, dass viele von den Wapniarka-Leuten, die einer Arbeit nachgehen, durch die Anstrengung dieser Tätigkeit den Verfall beschleunigen. Die Situation ist in einem doppelten Sinne traurig: Nicht nur, dass es für die meisten von ihnen gar keine Arbeit und keinen Verdienst gibt (weil sie die körperlichen Kräfte nicht haben, einen Arbeitsplatz auszufüllen), - auch die, die es noch können, dürften es eigentlich nicht tun. Zum andern ist die Not aber auch dadurch größer geworden, dass die Zahl der Wapniarka-Invaliden sich durch neue Einwanderungen vergrößert hat, und gerade bei den Neueinwanderern ist die Notlage besonders groß, da es auch zum größten Teil um ältere und sehr kranke Menschen handelt.
Auf der anderen Seite ist von Bonn gar nichts mehr zu erhoffen. Es hat nicht an Menschen guten Willens gefehlt, auch unter Bundestagsabgeordneten, die sich für den Sonderfall Wapniarka eingesetzt haben. Aber in den maßgebenden Stellen ist man nicht bereit, über die vor einigen Jahren gezahlte Wiedergutmachung von 5000 Mark für jeden der Geschädigten von Wapniarka hinaus noch etwas zu tun.
Mit vielen habe ich in Israel über das Problem „Wapniarka“ gesprochen. Besonders wichtig war mir dabei die Begegnung mit Dr. Keßler, einem Arzt, der zu der kleinen Gruppe deutscher Juden in Wapniarka gehörte. Dr. Keßler hat die

Erscheinungen des Lathyrismus, der durch die Lathyruserbse hervorgerufenen furchtbaren Krankheit, von ihren Anfängen an beobachtet und in einem medizinischen Tagebuch festgehalten. Wie sehr hat es mich bewegt, die handschriftlichen Aufzeichnungen zu sehen, diese nüchterne Chronik eines Leidens. Zwischen den Notizen liegen Notenblätter, mit denen Dr. Keßler sich tarnte – wenn er beim Schreiben überrascht wurde, tat er, als schriebe er Noten auf... Zwischen den sachlichen Aufzeichnungen ärztlicher Befunde hin und wieder Sätze, die die ganze Situation beleuchten, wie: „Die Leute wollen lieber hungern, als die Erbsen weiter essen!"

Es ist eine erschütternde – aber auch beschämende und peinliche Sache für uns. Für uns als Deutsche – und für uns als Christen. Diese Menschen dürfen nicht nur unser Mitgefühl erwarten, wie alle Menschen, die auf der Welt in Not leben, sondern wir sind hier noch in einem anderen Grade verantwortlich: Sie sind nicht in Elend geraten, weil die Güter dieser Erde ungleich verteilt sind, sondern weil Angehörige unseres Volkes ihre Gesundheit auf brutale und barbarische Weise zerstört haben.

Als ich mich vor drei Jahren an Präses Scharf, den Vorsitzenden des Rates der Evangelischen Kirche in Deutschland wegen der Frage Wapniarka wandte, hat er mir sofort die Hilfe der EKiD (Ev. Kirche in Deutschland) zugesagt. Diese Hilfe hat sich verzögert, weil erst ein Mittelsmann – zwischen meinen Schützlingen und der EKiD gefunden werden musste. Seit dem Herbst war nun ein junger Theologe in Jerusalem, der ein Stipendium von der EKiD hatte, um dort zu studieren und der daneben die Aufgabe mitbekam, sich um die Wapniarka-Leute zu kümmern, sie zu besuchen und über die schwersten Härtefälle nach Berlin zu berichten.

Die Hilfe durch die EKiD wird nun langsam einsetzen. Ich bin sehr dankbar, dass es nun so weit ist. Es ist uns aber in vielen Gesprächen in Israel klargeworden, dass diese Hilfe auch im günstigsten Falle nur einen Teil der Notleidenden erfassen wird.

In Überlegungen und Gesprächen, die in Israel geführt wurden, um eine befriedigende Lösung zu finden, ist ein neuer Gedanke aufgetaucht – der Gedanke, die evangelischen Gemeinden in Deutschland für die Sache zu aktivieren durch eine Art „Patenschaft“ für je einen (größere Gemeinden evtl. für zwei oder drei) Wapniarkainvaliden, bei der sie eine ganz kleine Rente von 200.- Mark monatlich zusammen aufbringen. Wenn viele Gemeinden (und in den Gemeinden viele einzelne Christen!) dazu bereit sind, könnte auf diese Weise wirklich die Lage dieser armen Menschen entscheidend geändert werden. Praktisch müsste es so vor sich gehen, dass eine Gemeinde, die sich dazu entschließt, in einem besonderen Gemeindeabend oder Gottesdienst zu der Patenschaft aufruft und versucht, ihre Glieder daraufhin anzusprechen, sich mit kleinen Daueraufträgen an der Patenschaft zu beteiligen. Das Ganze ist nichts, was in irgend einer Gemeinde unmöglich sein sollte. (Sehr kleine Gemeinden sollten sich nicht davon hemmen lassen, dass sie nur eine halbe Patenschaft zusammenbekommen, auch das hilft mit). Wir müssen uns darüber klar sein, dass es nichts Großes ist, wenn wir monatlich einen Betrag, der in vielen Fällen nicht mal ein Opfer bedeutet, für diese Menschen geben: Angesichts dessen, was deutsche Menschen an den Leuten von Wapniarka gesündigt haben, ist es eine beschämende Winzigkeit. Aber diese beschämende Winzigkeit sollten wir tun. Auch um unserer selbst willen - wenn sehr viele Gemeinden in dieser Sache hier einmütig zusammenstehen, könnte es sein, dass für manche Außenstehende die Kirche um dieses Tuns willen an Glaubwürdigkeit gewinnt.
In der Teilnahme an der Patenschaft hat außerdem auch jeder die Möglichkeit, darzutun„ dass er mit Schmerz und Bedauern von den neuen antisemitischen Vorkommnissen in Deutschland abrückt.
Während ich diese Zeilen schreibe, ist die erste Patenschaft in Dillenburg bereits gelungen, - und wenn sie gelesen werden, wird die Sache auch in Mainz anlaufen. (Technisch soll-

te es immer so vor sich gehen, dass die Gemeinde, die sich zu einer Patenschaft entschließt, ein eigenes Sonderkonto „Patenschaft Israel“ einrichtet, auf dem die Daueraufträge gesammelt werden, die dann an jedem Monatsersten auf das allgemeine Wapniarka-Konto bei der Kreissparkasse in Dillenburg Nr. 336029 überwiesen werden.)

Ungekürzter Abdruck eines Beitrags aus Unser Weg, Juli 1965.

Erniedrigte und Beleidigte

Bei den Wapniarka-Invaliden in Israel

Wenn ich gefragt werde, was ich eigentlich die ganzen langen Wochen in Israel gemacht habe, in diesem kleinen Land, dessen Sehenswürdigkeiten ich doch von den drei vorher-gehenden Reisen schon alle kannte, dann muss ich immer wieder sagen, dass die Zeit mir gar nicht gereicht hat. Ich war ja nicht gekommen, um die antiken Ausgrabungen zu besuchen und um den kühnen Aufbau des Landes zu bewundern, sondern mit dem ganz bestimmten Vorhaben, mich um meine Schützlinge, die Überlebenden des Konzentrationslagers Wapniarka, zu kümmern, sie zu besuchen, zu sehen, wie sie leben und ob es ihnen möglich ist, mit der kleinen Unterstützung der Wapniarka-Aktion zurechtzukommen.

JACOV MOSCOVICI: Er steht vor der Tür seiner ärmlichen Wohnung, um uns zu erwarten, aber man kann es kaum „Stehen“ nennen: Trotz des hilfreichen Stockes ist es ihm nicht möglich, nur eine Sekunde ruhig zu stehen, er zittert pausenlos. Das ganz blasse, fast blei-farbene Gesicht ist im Grunde gut geschnitten – aber er ist der zerrütteltste Mensch, den ich je gesehen habe. Seine Frau, so sagt er auf unsere Frage, sei im Spital – mein Gott, wie wird dieser absolut Hilflose allein zurechtkommen: Wie er sich bemüht, für meinen Vertrauensmann und mich Stühle herbeizuholen, fällt er hin, und sein Fallen hat nichts Menschliches mehr, er fällt, wie etwas Lebloses fällt, ein Fetzen Zeug fällt so zusammen. Es ist schwer vor-stellbar, wie sehr das Leben dieses Mannes, der erst in den vierziger Jahren steht, ein ständiger Kampf mit seiner Hinfälligkeit ist, einer Hinfälligkeit, im sehr brutalen und ganz buchstäblichen Sinn.

Ministerpräsidentin Golda Meir widmet ihr Bild Charlotte Petersen

Filip Cohen ist - oder war - ein Kollege: In Rumänien ist er Journalist gewesen. In Israel kann er nicht für Zeitungen schreiben, er kann es nicht, weil es ihm nicht gelungen ist, so gut Ivrith zu beherrschen, wie es für einen Journalisten in Israel nötig wäre, er kann es aber auch deshalb nicht, weil bei ihm außer den üblichen Muskelschäden und Lähmungserscheinungen ein schweres Augenleiden hinzugekommen ist. Filip Cohen hat unter Blutungen unter der Netzhaut zu leiden, was auch eine Spätfolge der Lagerleiden ist. Er versucht aber durch ein wenig leichte Gelegenheitsarbeit noch ein bisschen zum Unterhalt der Familie beizutragen. Ein besonderes Unglück hat die Familie noch betroffen: Das Ehepaar hat eine Tochter von 28 Jahren, die als sechsjähriges Kind in Rumänien von einem russischen Panzer angefahren wurde und die durch diesen Unfall sowohl körperlich wie geistig für ihr Leben geschädigt ist. Man brauchte nicht das sorgenvolle Gesicht der tapferen Frau Cohen zu sehen, um sich vorzustellen, wie schwer das Schicksal dieser Frau und Mutter ist.
Mendel Polipodi. Er ist in seiner Heimat Sportlehrer an einem Gymnasium gewesen, nach ärztlichem Zeugnis kann er aber diesen Beruf nie mehr ausüben. Er hat alles Mögliche versucht, er war sich für keine Arbeit zu gut. So hat er auch bei der Apfelsinenernte geholfen, aber er hielt es aus gesundheitlich nicht aus, und als man sah, dass er zu wenig leistete, wurde er entlassen. Und so geht es ihm immer wieder: Durch Freunde, die sich für ihn bemühen, bekommt er hin und wieder Arbeit, aber es ist immer von kurzer Dauer, wenn man dahinter kommt, ein wie kranker Mann er ist, ist es schnell aus. Es sind zwei Kinder da, ein Junge, der noch zur Schule geht, und eine zwanzigjährige Tochter, die eine begabte Studentin ist. Nicht die eigene Armut und Dürftigkeit drückt die Eltern, aber dies, dass sie einer lebensfrohen jungen Tochter so wenig gewähren können, dass diese auf fast alles verzichten muss, was ihren Mitstudenten selbstverständlich ist, ja, dass sie vielleicht das Studium wird abbrechen müssen, um die Familie zu ernähren...

Rachmil Menascu. Er ist das eine der Patenkinder von Dillenburg, 85%iger Invalide. Im Bemühen darum, trotz seines Leidens selber etwas für seine Familie zu verdienen, hatte er sich einen „Zerif", einen Kiosk angeschafft, damit aber großes Pech gehabt: Er muss noch lange monatlich an dem Zerif, den er längst nicht mehr hat, abbezahlen. Außer den zweihundert Mark der Dillenburger Patenschaft hat die Familie nur das, was die Frau gelegentlich als Haushalthilfe verdienen kann, was aber nie mehr ist als 100 Pfund im Monat.
Benjamin Willner, der Rabbi. Man würde ihn nie anders als „Rabbi" anreden können, obgleich er dies Amt nicht mehr innehat. Er ist ein alter, sehr kranker Mann, aber trotz der Armut, die in seiner Wohnung spürbar ist, ist eine Atmosphäre von Würde und Frieden um ihn. Es kommt gewiss nicht zum kleinsten Teil daher, dass er immerhin noch in der glücklichen Lage ist, einer geistigen Arbeit nachgehen zu können. Rabbi Willner ist Thora-Schreiber, und diese seltene Kunst übt er noch aus: Mit einer unwahrscheinlich schönen Schrift malt er die hebräischen Buchstaben liebevoll auf Pergamentrollen. Allerdings: Ein Verdienst ist dies eigentlich nicht, er bekommt nicht oft Aufträge, und die Bezahlung steht auch nicht im Verhältnis zu Mühe und Zeitaufwand. Aber es bedeutet ihm doch viel, dies tun zu können und lange Stunden mit dieser geliebten Arbeit zu füllen.
Bogiancu Bercu. Der alte Tischler ist ein „Neuer" auf unserer Liste, er war bisher kein Unterstützungsempfänger, mein Vertrauensmann hat ihn und seine Not erst kürzlich aufgespürt. Er hat monatelng im Krankenhaus gelegen, wo man ihn aber dann nicht mehr behalten wollte, da eine Besserung nicht zu erzielen war – außer den durch den Lathyrismus bedingten Lähmungen leidet er an epileptischen Anfällen. Wir waren erschüttert von dem Ausmaß von Armut. Die Sozialhilfe zahlt zwar die Miete, darüber hinaus aber nur 20 Pfund im Monat. Die Frau versucht , durch Putzen ein wenig zu verdienen, mehr als 50 Pfund im Monat wird das nicht, da sie ja auch den Mann nicht allein lassen kann. Die beiden

Töchter, 13 und 14 Jahre alt, sind ausgesprochen hübsche Kinder mit einem guten Gesichtsausdruck und nettem Benehmen. Da Frau Bercu so unglücklich ist, grade vor Pessach gar kein Geld im Haus zu haben, geben wir ihr 50 Pfund als Vorschuss auf die Patenschaft, die sie nun künftig bekommen wird. (Die Familie ist inzwischen die Paten-familie von Marburg geworden.)

FANNY CABBATH. Das Unglück dieser Frau ist zu einem schweren sozialen Fall geworden: Es ist nicht nur ihr eigenes schweres Leiden – sie ist nach dem Zeugnis des Arztes absolut arbeitsunfähig - , sondern vor allem auch der Kummer, den sie mit ihrem Mann hat. Der Mann hat im Konzentrationslager einen Schlag auf den Kopf bekommen und ist seitdem geistig verwirrt und unzurechnungsfähig, an sich gutartig, aber doch schwer zu ertragen. Während wir mit seiner Frau sprachen, lief er ruhelos in der ärmlichen Einzimmerwohnung , auf und ab, wandte sich dann aber plötzlich an meinen Vertrauensmann und sagte unvermittelt: Herr Doktor, was ich noch sagen wollte: Hier hat man mich geschlagen…“, neigte seinen Kopf und zeigte seine Narbe. Mein Vertrauensmann, der diese Szene, in der er den Arzt zu spielen hat, schon oft erlebte, frug: „Wer hat Sie geschlagen?“ und es kam schneidend die Antwort: „Die SS.“ Damit riß der Gedankengang des armen Menschen aber ab, er fing wieder an, hin und her zu laufen. Es ist das einzige, worauf er sich besinnen kann: die Misshandlungen, die ihm vor mehr als zwanzig Jahren geschehen sind. Ich frug mich, was es für eine Frau, die selber im KZ schwer gelitten hat, bedeutet, dies zerstörte Leben neben sich zu ertragen.

Es gibt viel Elend in der Welt. Und es ist nicht möglich, auch mit dem besten Willen nicht, jede Not der Opfer zu steuern. Aber das Besondere, das Bittere und Schmerzliche angesichts der Not der Opfer von Wapniarka speziell für Deutsche ist dies, dass hier Menschen mit einer gewaltsam und böswillig zerstörten Gesundheit leben müssen. Die Invaliden von Wapniarka sind Zeugen davon, was der Mensch dem Men-

schen aus der Verfinsterung seines Herzens heraus fähig ist, anzutun. Und da lebt man in Deutschland, lässt es sich gut sein und denkt nicht daran, dass irgendwo Krüppel mit dem Rest von Leben zurechtkommen müssen, den sie aus einem deutschen KZ retten konnten!
Eine Hand legt sich auf meinen Arm, und die besorgte Stimme meines Vertrauensmannes fragt: „Können Sie noch – oder war es zu viel heute?“ Ich kann dazu nur sagen: „Ach, es ist manchmal sehr schwer, Deutsche zu sein!“

Abdruck aus der Kirchenzeitung Weg und Wahrheit,
Ausgabe und Jahrgang sind nicht mehr feststellbar.

Schlusswort von Charlotte Petersen

Dass ich in Israel bei diesem meinem ersten Besuch von den Überlebenden von Wapniarka erfuhr, war für mich eine Gebetserhörung. Ich war mit dem tiefen Wunsch gefahren, dass mir etwas in den Weg gelegt werden möchte, wodurch ich die Möglichkeit hätte, ein wenig von der deutschen Schuld abzutragen. Wenn mir heute Staunen und Verwunderung darüber begegnet, dass einem einzelnen Menschen so etwas gelingen konnte wie dies kleine Hilfswerk, dann kann ich nur sagen: „Ich kann doch nichts dafür.“ Ich hätte es doch nicht gekonnt, wenn mir nicht Tausende geholfen hätten. Meine Freunde, ich möchte es noch einmal sagen: Ich war es ja gar nicht. Ich habe es nicht gekonnt. Es war ein anderer, der wollte, dass es mir gelang, und der so viele Menschen willens machte, mir zu helfen. Im Dank an diesen anderen möchte ich schließen. Schalom

anlässich der Verleihung
der Buber-Rosenzweig-Medaille 1990 in Nürnberg.

Stimmen zu Charlotte Petersen

Im Hause Petersen
Gymnastikstunden und Leberwurstbrot
Von Guntram Lenz

Am Anfang war Charlotte Petersen für mich, dessen Elternhaus grade mal zwei, drei Steinwürfe von der „Villa Petersen" entfernt steht, so etwas wie ein Mysterium. Ihre Schwester Marie nämlich gab in den späten Fünfzigern, frühen Sechzigern für die Kinder aus der Umgebung vom Roten Berg in einer großen und hohen, mit Sprossenleitern an den Wänden versehenen Halle in ihrem Haus Gymnastikstunden, und da mühte auch ich mich eine Zeit lang, zumeist vergeblich, ab. Ob sie diesen, aus heutiger Sicht recht modernen Vorschulunterricht aus Freundlichkeit anbot, die Gesundheit des nachbarlichen Nachwuchses im Blick, oder um sich ein paar Mark zu verdienen, ist nicht mehr zu klären. Ihre Schwester Charlotte jedenfalls bekamen wir dabei nie zu Gesicht, nur gelegentlich ertönte Schreibmaschinengeklapper aus einem Nachbarraum. Für uns Kinder jedenfalls war das schon sehr mysteriös und regte auch die Phantasie an.

Nicht weniger rätselhaft mag die unscheinbare kleine Frau im grünen Lodenmantel mit der Baskenmütze auf dem Kopf und der Leica an einem breiten Riemen um den Hals auch viel später auf meine um einige Jahre jüngere Schwester gewirkt haben. Jedenfalls erzählte mir unsere Mutter einmal von einer Begegnung mit Nachbarin Petersen in der Stadt, bei der diese ihren Gruß nicht erwidert habe, sondern, den Kopf zu Boden gesenkt und vor sich hin murmelnd, weitergegangen sei. Ich vermute, dass sie da einen noch zu schreibenden Artikel schon mal ins Unreine formuliert hat. Meine Schwester jedenfalls, die wusste, dass ich auch Journalist werden wollte, kommentierte diese Begegnung mit der bangen Frage: „Der Guntram wird doch hoffentlich nicht auch mal so?"

Und noch eine Erinnerung drängt sich mir immer auf, wenn ich an „cp“ denke. Es muss Mitte der achtziger Jahre gewesen sein, als ich sie an einem winterlich-frostigen Nachmittag in ihrem Haus besuchte, um für ein Zeitschriftenporträt ein längeres Gespräch mit ihr zu führen. Während die Temperatur draußen etliche Minusgrade betrug, dürften es in ihrem Arbeitszimmer höchstens 16 oder 17 Grad gewesen. Und während ich im dicken Winterpullover fror, saß sie mir gleichmütig in einer weißen Spitzenbluse gegenüber, als hätten wir Hochsommer, und bot mir dünn mit Leberwurst bestrichene Vollkornschnitten an. Da habe ich gelernt, was Askese heißt.

Die Zusammenarbeit mit ihrem Unterstützer

Von Hartmut May

Im Jahr 1980 zog ich mit meiner frisch angetrauten Ehefrau Susanne in eine Wohnung am Dillenburger „Roten Berg“. Von Charlotte Petersen hatte ich damals noch nicht erfahren, weil ich bisher nach Nordrhein-Westfalen orientiert war. Bald fiel mir die kleine, ältere Frau auf, die in ihrem grünen oder grauen Lodenmantel und mit einer Aktentasche gelegentlich in der Bismarckstraße unterwegs war. Ich erfuhr, dass es sich um Charlotte Petersen handelte und ich grüßte die alte Dame bei Begegnungen auf der Straße. Oft grüßte sie nicht zurück, weil sie offenbar in Gedanken unterwegs war.

Das änderte sich, als ich als Moderator für Veranstaltungen mit antifaschistischer Ausrichtung, zur NS-Geschichte und Friedenproblematik, auftrat. Da fand ich denn Charlotte Petersen als Berichterstatterin für die Dill-Post und es kam zum persönlichen Kennenlernen. So erfuhr sie auch (Auf Nachfrage erklärte ich ihr auch), dass ich im Kreissozialamt mit der Gewährung von Sozialhilfe befasst sei.

Nach wenigen Tagen rief mich Charlotte Petersen an und

bat um ein Gespräch. Die Leckereien die meine Frau Susanne zur Gesprächsbegleitung auftischte, ließ Charlotte Petersen unberührt, lediglich einen Tee nahm sie.
Dann kam sie zur Sache: Viele Menschen, die von ihrem Hilfswerk erfahren hatten, wandten sich an sie, mit der Bitte auch ihnen zu helfen, vorwiegend waren es Wünsche nach Geldzahlungen. Die Gelder ihres Hilfswerkes konnte sie dazu nicht anwenden – und über private Geldanlagen verfügte sie nicht. Sie begehrte für jeden einzelnen Nachfrager zu wissen, wie die momentane Notlage auf andere Weise zu beheben war. Da konnte ich ihr aus meinen beruflichen Kenntnissen helfen. Zu jedem Fall machte sich Charlotte Petersen ausführliche Notizen und ich erfuhr, dass sie das Ergebnis ihrer Nachfrage ihren „Bittstellern" schriftlich mitteilte. Sie wollte auch den Menschen helfen, für die die Mittel ihres Wapniarka-Hilfswerkes nicht bestimmt waren. Wie sie mir später berichtete, waren nicht alle, denen sie geholfen hatte, für ihre „Hilfe" dankbar. Das lag wohl daran, dass ihre „Bittsteller" (zumeist arbeitslose Menschen) sich finanzielle Hilfe erwarteten, also Geld. Aus den Wapniarka-Spendenmitteln konnte und durfte Charlotte Petersen nichts abzweigen und ihre eigenen Einkünfte müssen als „bescheiden" gedacht werden.
Aber Charlotte Petersen war sehr dankbar für die Beratung. Nachdem diese „Hilfe-Konferenzen" etwa alle acht Wochen stattfanden, brachte sie kleine Anerkennungs-Geschenke mit, sei es ein Buch oder eine Zeitschrift, oder ein Gewächs aus ihrem Garten, eine Zucchini oder einige Äpfel. Nun akzeptierte sie auch die Gegengeschenke meiner Frau, vor allem selbstgebackene Plätzchen nahm sie gerne.
Mit steigender Bekanntschaft – oder Vertrautheit – lud Charlotte Petersen mich zu Veranstaltungen in Gießen oder Siegen ein. Ich ging gerne darauf ein, auch in der Hoffnung, dafür eine „gewogene" Berichterstatterin für meine eigenen Veranstaltungen zu gewinnen, die ja thematisch ihr nahe lagen. Wie ich schon beim ersten Mal erfuhr, besuchte Charlotte Petersen diese Veranstaltungen, um in ihrem Blatt, der

Dill-Post, darüber zu berichten. Ich empfand Bewunderung für die Frau, die im hohen Alter noch die Strapazen unternahm, über Zeitzeugen des Holocaust, Anne Frank, Janusz Korczak usw., die heimische Leserschaft zu informieren.
Zu diesen Terminen holte ich Charlotte Petersen in ihrer Wohnung ab. Ich musste sie bald an den Arm nehmen, denn ihr Gang wurde zunehmend unsicherer. In ihrer karg eingerichteten Wohnung, die sie mit ihrer Schwester Marie teilte, verstand ich dann, dass es sich bei Charlotte um einen ungemein bescheidenen Menschen handelte. Ihr berühmter Satz – etwas von der Schuld der Deutschen abzutragen – fand auch in ihrer asketischen Lebensführung eine Konsequenz.
Für die bescheidene Lebensführung gab es aber auch andere Gründe: Von ihrer Tätigkeit bei der Wetzlarer Neuen Zeitung erhielt sie die geringen Honorare einer „freien Mitarbeiterin" Ihre Renteneinkünfte müssen also als dürftig angesehen werden.
Dafür spricht auch die persönliche Ausstattung und die Ein-

„cp" als Berichterstatterin auf einer der vielen von Hartmut May initiierten Veranstaltungen der Dillenburger SPD zu Themen der deutschen Nazi-Vergangenheit, zum Verhältnis „Christen und Juden" oder zu sozialen Themen. Von links: Prof. Metzler, Mechthild Schäfer, Charlotte Petersen und Otto Küster.

richtung ihrer Wohnung. Charlotte trug während der zwölf Jahre meiner Bekanntschaft mit ihr immer den gleichen grünen Lodenmantel, im Sommer einen beigen Gabardine-Mantel, bei Regen ein Cape darüber. Das Mobiliar ihrer Wohnung entsprach der ursprünglichen Einrichtung durch den Vater. In der übergroßen Küche ihres Hauses, in der nach ihren Dimensionen Dienstpersonal zu vermuten war, wirkte Charlotte fast verloren und großartige Speisen wurden in ihr auch nicht hergestellt.
Die tägliche Nahrung war kein Gesprächsthema, die Frage war ihr nicht wichtig. Zumindest bei Charlotte herrschte eine streng vegetarische Lebensweise vor und sehr irritiert konnte sie reagieren, wenn sie Gast war und ihr anderes vorgesetzt wurde. Die Küchenarbeit leistete wesentlich ihre Schwester Marie, Mizzi genannt, die auch den Garten versorgte. Vermutlich partizipierte Charlotte wegen ihrer geringfügigen Einnahmen auch an deren Altersbezügen.

Die Journalistin
Von Martin Heller

Charlotte Petersen habe ich kennengelernt, als ich Anfang der Achtzigerjahre als Volontär für die Dill-Post tätig war. Sie war eine besondere Erscheinung.
Es grüßten sie viele, wenn sie, wie beinahe täglich, durch Dillenburg ging. Schon arg gebeugt, hob sie nur den Kopf ein wenig und nickte freundlich. Wer sie nicht kannte, konnte nicht ahnen, was in dieser kleinen Person steckte, dieser kleinen Frau in ihrem grünen Mantel, dem Persönchen mit der braunen Ledertasche. Aus dieser Tasche zog sie in der Redaktion der Dill-Post ihre Papiermanuskripte, mit Schreibmaschine beschrieben, zuletzt mit dünnen Buchstaben - nicht wegen des ausgemergelten Farbbands, sondern auch, weil es ihr Mühe machte, die Tasten der mechanischen Schreibmaschine zu drücken. Sie schrieb unter dem Autorenkürzel cp

Die Journalistin Charlotte Petersen

über Kirchenkonzerte, über soziale Aktivitäten von Vereinen und Organisationen, viel und oft über Kinder, über das Alltägliche, das Kleine. Charlotte Petersen war eine bescheidene, stille Frau und von Statur klein, aber ihre innere Größe und die Kraft, mit der sie sich auch abseits des Zeitungsgeschäfts für die Verständigung von Christen und Juden im Speziellen und zwischen den Menschen im Allgemeinen einsetzte, machten sie zu einer Persönlichkeit, die ihresgleichen sucht.

Bei der Arbeit
Von Christoph Münz

Christoph Münz, seit über einem Jahrzehnt einer der drei Vorsitzenden des GCJZ (Gesellschaft für christlich-jüdische Zusammenarbeit) und ihr wesentlicher Programmgestalter, folgte auf die langjährige Vorsitzende Elke Brill, die Charlotte Petersen in vielen ihrer Tätigkeiten unterstütze. Dies tat auch Christoph Münz. Er erinnert an seine erste Begegnung mit ihr als Journalistin:

Nicht lange nachdem wir 1986 nach Haiger gezogen waren, besuchten meine Frau und ich erstmals ein Chorkonzert der Dillenburger Kantorei in der Katholischen Stadtkirche zu Dillenburg. Mitten im Konzert erhob sich wenige Reihen schräg vor uns plötzlich eine unverkennbar ältere Dame von kleiner und gebeugter Statur in einem waldgrünen Lodenmantel. Zitternd wie Espenlaub nahm sie ihre Arme hoch, in den Händen zu meiner Verwunderung einen Fotoapparat. „Da wird wohl niemals ein gescheites Foto draus", dachte ich bei mir – und war mindestens so erstaunt wie beeindruckt, als in dem alles entscheidenden Moment der zittrige Körper der Fotografin mit dem Klick auf den Auslöser des Fotoapparats in eine plötzliche Ruhe verfiel, um unmittelbar danach erneut am ganzen Leib zitternd wieder in seine Sitzposition zurückzukehren. Ein oder zwei Tage später las ich in der „Dill-Post" nicht nur eine erstaunlich elegante Konzertkritik, sondern sah auch ein messerscharfes Foto von Chor und Solisten. Beides stammte von der mir bis dahin völlig unbekannten Charlotte Petersen, die ich dann wenige Jahre später als neues Vorstandsmitglied der Gesellschaft für christlich-jüdische Zusammenarbeit näher kennenlernen sollte. Mein damaliges Erlebnis mit Charlotte Petersen sollte sich in gewisser Weise immer wieder bestätigen, denn so klein, gebeugt und alt sie damals, als ich sie kennenlernte, schon gewesen war, im entscheidenden Moment war sie stets groß, aufrichtig und von beeindruckend jungem Geist. Und so wird sie mir auch immer in Erinnerung bleiben.

Ihre Freunde in Israel nennen sie „unseren Engel…“
Von Joachim Heidersdorf

Joachim Heidersdorf, seinerseits Lokalchef der Dill-Post, schreibt zum neunzigsten Geburtstag von Charlotte Petersen am 4.Juli 1994 unter der Überschrift „Die Dillenburger Ehrenbürgerin Charlotte Petersen wird heute 90- Sie kämpft im hohen Alter unermüdlich für ihr segensreiches Lebenswerk.“
„Was wünscht sich jemand, der seinen Geburtstag im Krankenhaus verbringen muss? Klar, jeder will schnell gesund werden. Und daheim sein. Charlotte Petersen, die ich in dieser Woche in der Dillenburger Klinik nach ihrem größten Wunsch frage, erwähnt jedoch in keiner Silbe ihr derzeitiges Leid und die erhoffte Besserung: „Ich will nur, dass es in der Welt friedlicher wird und Menschen nicht mehr aus der Heimat fliehen müssen.“ Typisch Charlotte Petersen. Die Antwort hat nichts mit ihrem hohen Alter zu tun-die Dillenburger Ehrenbürgerin hat ihr Leben lang persönliche Interessen in den Hintergrund gestellt, um unermüdlich für Benachteiligte und gute Zwecke zu kämpfen. Heute wird sie 90 Jahre alt.
Voller Respekt und Bewunderung ziehen wir den Hut vor dem Lebenswerk unserer Mitarbeiterin, die seit fast 50 Jahren mit ihren Artikeln unsere Zeitung bereichert. Charlotte Petersen ist eine kleine zierliche Frau –und eine große starke Persönlichkeit.
Sie hat einen wichtigen Beitrag zur Aussöhnung zwischen dem deutschen und israelischen Volk, sowie zur Verständigung zwischen Juden und Christen geleistet.
Ihren bislang letzten Konzertbericht (über das Gastspiel der Cellistin Maria Kliegel) beendete sie vor einem Monat mit einem Satz, der auch für jeden Laudator der 90jährigen gilt. Die Kritikerin empfand es als unangemessen, ‚dass man nur mit Applaus und Blumen für das Erlebnis diesen Abends danken konnte.‘ Es ist sicher ebenso unangemessen, ihre Leistungen lediglich mit Beifall, schönen Worten und Ehrun-

gen zu würdigen... Was kann man ihr da noch am 90. Geburtstag zuteil werden lassen? Die bescheidene, genügsame und mit ihrer 91jährigen Schwester Marie im Elternhaus in der Rotebergstraße lebende alte Dame mag keine persönlichen Geschenke. Wer ihr heute ein Freude machen will, kann eine Spende auf das Sonderkonto Wapniarka (Nr...) überweisen...
Die geistig vitale Jubilarin ist nach wie vor eine ungewöhnliche aktive Person. Ihr Wissen, ihr Gedächtnis, ihre schnelle Auffassungsgabe sind phänomenal. Sie begnügt sich nicht damit, zuzuhören, sondern ergreift selbst die Initiative. Wer mit ihr zusammenarbeitet, kennt ihre Energie, Zielstrebigkeit, Disziplin und Hartnäckigkeit...
Ihre Freunde in Israel nennen sie „unseren Engel..."

Charlotte Petersen und ein dreijähriges Kind

Von Martin Essen

Charlotte Petersen lebte ja immer mit ihrer Schwester und hatte auch keine Kinder. Sie war im Umgang mit Menschen konzentriert auf die Sache, weniger auf ihr Gegenüber, so schien der Eindruck. Der Pfarrer Martin Essen –heute im Vorstand der GCJZ- hat es bei einem Kind als Gegenüber anders erlebt:
„Am Israel-Sonntag, Ende September 1975, war Charlotte Petersen zu einem kurzen Vortrag über ihr Wapniarka-Hilfswerk als Gast in unserer ev. Kirche in Schönbach. Anschließend saßen wir in unserem Wohnzimmer. Unsere Tochter Rebekka war dabei.
Einige Tage später lasen wir in der Zeitung einen Bericht über unsere Tochter. Vieles von dem, was Charlotte Petersen charakterisiert, wird, so scheint mir, in diesem Artikel erkennbar: das menschliche Gegenüber genau wahrzunehmen; auch einem kleinen Kind respektvoll gegenübertreten... So haben wir Charlotte Petersen kennengelernt. Eine Frau, ein

Journalistin, die sich selber zurückgenommen hat und andere Menschen wertvoll und schön und wichtig erscheinen lässt."

Drei Jahre

Von Charlotte Petersen

Sie kommt herein, blond und winzig. In den kleinen Händen trägt sie überaus vorsichtig ein Glas, für die Erfrischung bestimmt, die ihre Mutter mir zugedacht hat. Dann baut sie sich vor mir auf, stolz und erleichtert, diesen kleinen „Auftrag" ohne Unfall erledigt zu haben und sagt mit ernster Stimme, mich grübelnd ansehend: „Wie heißt du denn?" Und ehe ich antworten kann, kommt: „ Ich, ich heiße Rebekka!" Ich muß zurückdenken-als ich so klein war wie dieses dreijährige Persönchen, war es üblich, daß einem von Erwachsenen diese Frage gestellt wurde. Eine alberne Frage, wie ich schon als Kind empfand- denn die Menschen, die in unser Haus kamen, wussten doch fast immer , wie ich heiße. Daß es jetzt umgekehrt ist, ist durchaus in Ordnung. Rebekkas Frage ist nicht albern, sie ist sachlich. Sie weiß nicht, wie ich heiße und möchte mich gerne einordnen. Ich nenne dem Kind meinen Vornamen.

Da macht sie kehrt und rennt spornstreichs zur Mutter in die Küche, kommt zurück und sagt vorwurfsvoll:" Das ist nicht wahr. Ich habe die Mutter gefragt. Du heißt anders - aber jetzt weiß ich nicht mehr, was die Mutter gesagt hat...." Der ein Jahr ältere Bruder hilft der Kleinen: „Die Mutter hat gesagt, das ist Frau Petersen." Ich versuch zu erklären: „ Sieh mal, Rebekka, es ist beides richtig. Du heißt Rebekka E. So heiße ich Charlotte Petersen. Jeder hat doch zwei Namen."

Rebekka denkt nach. Dann trumpft sie auf: „Ich habe aber drei Namen. Ich heiße Rebekka Friederike E. Wie ist denn dein zweiter Name?" Ich muss meine „Armut" gestehen, nicht mit einem zweiten Namen aufwarten zu können, was Rebekka sichtlich belebt. „Ich habe doch gleich gewusst, dass du keinen ganz richtigen Namen hast!"

Tief befriedigt darüber, dass mit mir etwas „nicht ganz

richtig" ist, forscht sie weiter: kannst du denn richtig laufen?" Etwas verblüfft versichere ich, dass dies bei mir bisher noch nicht in Zweifel gezogen wurde. Wenn es nicht so heiß wäre, könnten wir ja mal um die Wette laufen, Rebekka. Die Kleine ist sichtlich enttäuscht. Sie sieht mich mit inquisitorischen Blicken an und denkt weiter darüber nach, was bei mir „nicht richtig" sein könnte. Plötzlich ruft sie triumphierend: „Aber du kannst nicht richtig sprechen!" Ich bin so überrascht, dass mir fast das Glas aus der Hand fällt. Wie kommt diese Winzigkeit zu diesem Urteil, nachdem wir uns die ganze Zeit unterhalten haben?
Da Kinder und Narren ja bekanntlich die Wahrheit sagen, überlege ich blitzschnell, was an meinem Sprechen, an meiner Aussprache, „nicht richtig" sein könnte. Ich komme nicht mehr dazu, Rebekka um eine Erklärung für ihr vernichtendes Urteil zu bitten, denn sie sagt etwas, was mir die ganze Situation klarmacht. Rebekka sagt: „Das Brüderchen", das kann noch gar nichts, das kann nicht laufen und nicht sprechen...."Das Brüderchen ist erst wenige Monate alt. Rebekka ist vorher „die jüngste" gewesen. Nun ist es anders. Sie hebt sich deutlich von dem neuen Erdenbürger ab, auch in ihrem Bewusstsein. Dass es Menschenwesen gibt, die all das noch nicht können, was sie kann-herumlaufen und springen und sprechen(sehr gut sprechen für drei Jahre!), das ist für sie ein überwältigendes Erlebnis und das eigene Können ist dadurch mächtig aufgewertet.
Vielleicht hat sie, ehe das Brüderchen da war, gar nicht darüber nachgedacht - aber jetzt ist jegliches „Können" etwas, was sie mit Stolz erfüllt. Da ja nicht alle das können, ist es etwas Besonderes. Sie fühlt sich ausgezeichnet und hervorgehoben- und es ist natürlich eine Enttäuschung, wenn alle Leute, die sie fragt, auch laufen und sprechen können.
Aber du hast ganz recht, stolz zu sein, kleine Rebekka: drei Jahre sind eine so kurze Zeit - und was hast du in der Zeit alles lernen können?
Laufen, springen und spielen, und du hast gelernt, deine

Umwelt zu begreifen und weißt die Namen der Dinge, die dich umgeben - von einem hilflosen Wesen wie das Brüderchen bist du zu einem verständigen kleinen Mensch geworden. Gibt es im späteren Leben noch einmal drei Jahre, in denen so Entscheidendes gelernt wird?

Die Stadt und ihre Ehrenbürgerin

Von Bürgermeister Michael Lotz

Eine Stadt ist ja immer mehr als eine willkürliche Anordnung von Gebäuden. Der eigentliche Charakter einer Stadt wird durch die Menschen bestimmt, die in ihr leben. Was könnte also einen Ort stolzer machen, als die Tatsache, dass Menschen einen ihrer Bewohner als „ihren Engel" bezeichnen. So wurde Charlotte Petersen von ihren Schützlingen in Israel genannt. Sie gehört zu den Menschen, die sich in besonderer Weise um ihre Mitmenschen verdient machen. Sie lindern dabei Unrecht, sie versuchen Schuld zu tilgen und durch Aufklärung neue Schuld zu vermeiden. Das alles tat Charlotte Petersen und die Stadt Dillenburg bewahrt ihr Andenken. Gerade weil Menschen wie sie das Bild eines Gemeinwesens nach außen zeichnen, ist sie für die alte Oranienstadt Dillenburg von so großer Bedeutung. Dem tragen wir Rechnung, indem eine der wichtigsten Auszeichnungen unserer Stadt durch die Verleihung der „Charlotte-Petersen-Medaille" erfolgt. Die Medaille wird an Personen verliehen, die sich im Sinne der Namensgeberin besonders engagiert haben. Die Medaille trägt den Schriftzug „Charlotte Petersen – 1904 bis 1994" und die Inschrift „Für Verdienste um die Verständigung zwischen den Menschen". Es wird dabei versucht, diese Auszeichnung am Geburtstag von Charlotte Petersen am 11. Juni 2014 zu überreichen. In unserer Stadthalle erinnert im Eingangsbereich eine Vitrine mit Exponaten, die das Leben von Charlotte Petersen schlaglichtartig beleuchten: ihr Wirken für Dillenburg und für unser ganzes Land. Auch ist ein

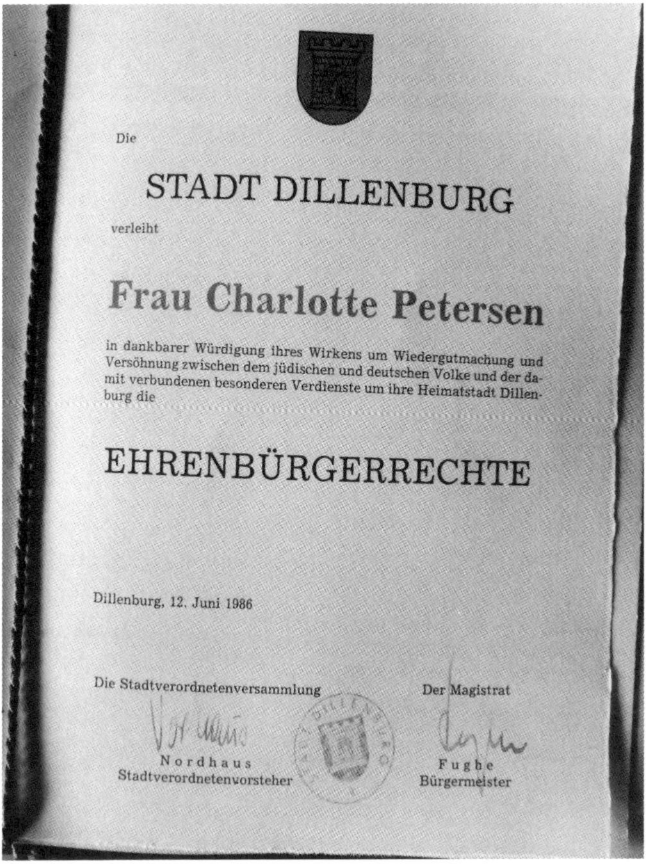

Die

STADT DILLENBURG

verleiht

Frau Charlotte Petersen

in dankbarer Würdigung ihres Wirkens um Wiedergutmachung und Versöhnung zwischen dem jüdischen und deutschen Volke und der damit verbundenen besonderen Verdienste um ihre Heimatstadt Dillenburg die

EHRENBÜRGERRECHTE

Dillenburg, 12. Juni 1986

Die Stadtverordnetenversammlung	Der Magistrat
Nordhaus	Fughe
Stadtverordnetenvorsteher	Bürgermeister

Saal in der Stadthalle nach ihr benannt.

Ich glaube, dass es nur wenige Menschen gibt, die sich mit der gleichen unaufdringlichen Beharrlichkeit darum verdient gemacht haben, ein wenig von der Schuld zu tilgen, die Deutschland in der Zeit des Naziregimes auf sich geladen hat. Sie und ihr Werk sind nach wie vor eine mahnende Wegweisung dafür, dass Frieden, Freiheit, Demokratie und Menschenrechte nie ohne Gefährdung existieren können. Insbesondere aber der Hinweis, was geschieht, wenn sie missachtet werden. Einen solchen Menschen als Tochter unserer Stadt bezeichnen zu können, ist für uns eine große Auszeichnung.

Über sich hinauswachsen
Von Albrecht Thielmann

Ich traf Frl. Petersen - so wurde Charlotte Petersen vermutlich in den frühen Siebzigern noch angesprochen und es dürfte ihr auch Recht gewesen sein - einmal bei einer gemeinsamen Bekannten, die Wert darauf legte, mit ihr bekannt zu sein. Sie bewunderte ihr Engagement. An unseren Unterhaltungen bei Kaffee und Kuchen über Verhältnisse anderer Menschen zeigte sie wenig Interesse. Es erschien mir so, dass sie einen günstigen Zeitpunkt abwartete, um sich schnell verabschieden zu können und sich ihrer Arbeit zu widmen. Später bemerkte ich, was sie von Herzen interessierte. Nicht Kaffeeklatsch, sondern ihr großes Hilfswerk und die Arbeit von Mitgliedern der Kirche und von Pfarrern, vor allem von solchen, die sich über das Übliche hinaus engagierten. Ein junger katholischer spanischer Priester, der eine Baskenmütze trug und mit der Befreiungstheologie sympathisierte, fand ihre ungeteilte Bewunderung.

„Auf Glanz verzichten"

Eine Formulierung von ihr in einem Bericht über eine Schüleraufführung des Theaterstücks „ Herr Biedermann und die Brandstifter" ist mir in Erinnerung. Sie schrieb, dass das Stück gewiss von den jungen Schülern noch nicht ganz zu erfassen sei, aber, so fügte sie hinzu und zeigte dabei, wie sie die Realität wahrnehmen wollte: die Jungen mögen mit dem Theaterstück „über sich hinaus gewachsen" sein. Eine Lebenshaltung.
Dieses ‚über sich Hinauswachsen' erinnert auch an ihre Verehrung von Hermann Hesse. Das Hesse-Bild im Deutschland der beiden Weltkriege war stark durch die Pressekampagnen gegen den Autor geprägt. Seine pazifistische und antinationalistische Haltung stellte sich gegen das Kriegstreiben. So galt Hesse nach dem ersten Weltkrieg bei einem Teil der

Bevölkerung, insbesondere der jüngeren Generation und der Jugendbewegung als geistige und moralische Neuorientierung. Das galt ähnlich für die deutsche Jugendbewegung in den zwanziger Jahren wie fünf Jahrzehnte später für die mächtige Hesse –Renaissance in der amerikanischen Hippie-Bewegung.

Für Charlotte Petersen dürften die Gedichte von Hesse entscheidend gewesen sein, seine „Wege nach Innen“:

„Dir muss genügen/auf verlorenem Posten/Der Welt zum Spott/nur deines Rufs bewusst/Auf Glanz verzichtend und auf Tageslust/Zu hüten jene Schätze, die nicht rosten.“

Das junge Fräulein Petersen können wir ein wenig erkennen, wenn wir erfahren, wie sehr sie diesen Hermann Hesse verehrte. Sie fasste sich eines Tages ein Herz und schrieb dem Dichter einen Brief und sie bekam tatsächlich Antwort, was sie beglückt und verlegen machte. Sie zögerte, ob sie ihm danken solle, weil das ihm ja eine weitere Antwort zumuten könne. Sie tat es dann und fügte zaghaft hinzu, dass eine Antwort nicht nötig sei. Er aber antwortete und so entspann sich ein Briefwechsel, den sie sich verwahrte, wie sie mir in einem Tonband-Interview versicherte. Nach ihrem Tod landete dieser Briefwechsel-ein so wichtiges Zeitzeugnis- im Container.

‚Über sich hinauswachsen‘, das Leben einem hohen Ziel unterordnen, auch wenn es Askese bedeutet. Wäre sie katholisch gewesen, so dachte ich mir schon, sie wäre vielleicht in ein Kloster gegangen und Äbtissin geworden und vermutlich nicht die toleranteste. Rigorosität und Schroffheit, das gehörte auch zu ihrem Wesen. Ohne diese Eigenschaften aber wäre sie nicht die hartnäckige Bettlerin für ihre große Aufgabe geworden.

In der Redaktion der Dill-Post, in der sie freie Mitarbeiterin war, wurde sie vielleicht von manchem Kollegen auch als Wesen vom anderen Stern wahrgenommen. Ihr manchmal jungmädchenhaft blumiger Stil, in dem sie aber gewissenhaft und sorgfältig auch schwierige Themen klar darlegte, war weit entfernt vom Stil, ein Ereignis ‚locker vom Hocker' oder reißerisch darzustellen. So berichtete einmal einer ihrer Kollegen ausschweifend von einer knallig- gelungenen Veranstaltung, die in Wirklichkeit gar nicht stattgefunden hatte, wie ein Leserbriefschreiber kundtat. Solcher Schmu war völlig undenkbar bei der Journalistin mit dem Kürzel „cp".

Einige Worte zu Charlotte Petersens Herkunft.

Sie lebte ja schon als junge Frau in der gehobenen Gesellschaft im feinen Viertel von Dillenburg. Als Kind wuchs sie, wie Gerhard Zimmermann schreibt, in der Direktions-

Krawallgasse (Altstadt)

villa abgeschirmt auf. Sie spielte also gewiss nicht mit den „Schmuddelkindern in der Unterstadt“ (Degenhardt), wurde aber auch nicht vom Dünkel, wohlhabend zu sein, bestimmt, sondern suchte früh eine Aufgabe in einer christlich-idealistischen Jugendgruppe. Lebenslang schirmte sie sich, wie sie es in ihrer Kindheit erfahren, vom gesellschaftlichen Treiben in ihrer Umwelt ab: „Auf Glanz verzichtend und auf Tageslust“ (Hesse).
In ihrer großen Serie in der Dill-Post „Aus der guten alten Zeit“ erinnerte sie an eine vergangene Welt in Dillenburg und im Landkreis. Es war vielleicht auch wie ein Nachholen von Versäumnissen in ihrer Jugend. Jetzt nämlich recherchierte sie und erzählte von der Lebenswelt in den Vierteln von Alt-Dillenburg, mit denen sie bis dahin kaum in Berührung gekommen war.
‚Den eigenen Weg‘ zu gehen, war ihr vorgegeben. Sie repräsentierte eine vergangene Zeit. Die neue flotte Zeit mit lautem Jazz und das hedonistische „Laissez-faire“ waren ihr fremd geblieben. Ihre Musik war alte Kirchenmusik.

Die Ängste der Charlotte Petersen

Ich unterhielt mich in den achtziger Jahren einmal mit dem Pförtner im Häuschen vor dem Krankenhaus. „Da oben wohnt die ‚Judenfreundin‘, hier läuft sie immer vorbei.“ Es klang, als sei ihm das Tun dieser Frau merkwürdig oder gar befremdlich. So wurde sie ihr Leben lang auch misstrauisch beäugt. In ihren jungen Jahren von der Gestapo und in ihren späten Jahren von den Unbelehrbaren. Dass sie auch sehr böse Anrufe bekam und auch mal als ‚Judenhure‘ betitelt wurde, zeigt ihre Entschlossenheit, trotz stumpfer Zeitgenossen ihren als notwendig erkannten Weg zu gehen. Sie verlor aber ihre Ängste nicht. Sie hat gewiss neben den persönlichen Erfahrungen nicht die überproportional hohe Zustimmung für das Auftreten des Nationalsozialismus im heimischen Raum vergessen. Das waren im Jahre 1933 in Dillenburg über 61 Prozent, in einzelnen Dörfern 90 Prozent, im Durchschnitt des Deutschen Reiches dagegen ca. 40 Prozent; ebenso wenig dürfte sie das weltweit beachtete Wahlergebnis 1966 für die NPD in Hessen von 7,9 % vergessen haben; im Dillkreis waren es 10,7 % und in manchen Orten der Region 16 Prozent. Über diese und andere lokalpolitische Ereignisse hat sie sich nicht geäußert und nicht geschrieben. Politik lag ihr nicht nur als Journalistin ferne, die alten „schönen Künste" standen ihr näher: „Wo sich Wort und Ton gesellt, wo ein Lied erklingt, Kunst sich entfaltet .." (Hesse). Alte Kunst als Schutzraum, als „heile Welt" war ihr ein Bedürfnis und gerade das macht die Besonderheit ihres Engagement aus, dass sie sich in ihrem Hilfswerk und mit ihren Besuchen bei ihren Schützlingen in ihrer Weise mit der furchtbar unheilen Welt konfrontierte.

Als es zur Gründung der GCJZ (Gesellschaft christlich-jüdische Zusammenarbeit) kommen sollte, riet sie den Initiatoren von diesem Vorhaben ab. Ein überraschendes Argument von ihr war: Die Arbeit der Gesellschaft könnte neue Ablehnung gegen die Juden wach machen. Da waren wohl ihre alten Ängste wirksam. Sie fühlte sich dann aber der Arbeit der GCJZ verbunden und half mit. Dass gerade sie Ehrenbürgerin ihrer Stadt wurde, hat sie gewiss als großen Wandel empfunden.

Meine Erinnerung an Charlotte Petersen

Von Ilse Müller

Charlotte Petersen war für mich seit meiner Jugend ein vorbild. Sie etwas näher gekannt zu haben, war eine Bereicherung und ihr Lebenswerk zu begleiten ein Stück Lebenshilfe.

Ilse Müller war Vorstandsmitglied des
Hilfswerks Wapniarka Charlotte Petersen e.V.

Erinnerungen und Gründe
Von Gottfried Schubert

Der ehemalige Berufsschullehrer Gottfried Schubert (Schreinerei) lebt in Weilburg und gehörte im Vorstand des Wapniarka-Hilfswerks zu den tragenden Mitgliedern und engen Mitarbeitern. Er selbst wuchs auf in der Nähe des KZ Bergen-Belsen, das von den Engländern entdeckt und befreit wurde. Die Besatzung drängten die Bevölkerung, das KZ und die Dokumente der Verbrechen wahrzunehmen und anzusehen. Es blieb für Gottfried Schubert immer unerträglich, dass Deutsche diese Verbrechen verharmlosten und leugneten. Die Chorgemeinschaft, in der er mitsang, unterstützte regelmäßig das Hilfswerk Wapniarka. Irgendwann hörte er, dass Charlotte Petersen Mitstreiter brauche.
Er meldete sich.
Auch er hielt, wie Charlotte Petersen, Vorträge, um über Wapniarka und seine Folgen zu informieren. Er sagt dazu: „Meine Vorträge machten aber nicht den Eindruck, den die Vorträge von Charlotte Petersen hinterließen.“ Gottfried Schubert erinnert auch daran, dass die Spenden für das Hilfswerk massiv zurückgingen, als Charlotte Petersen starb.

Quellenverzeichnis

1. Bücher und Schriften

1.1 Simon, Nathan, „…auf allen Vieren werdet ihr hinauskriechen!“ Ein Zeugenbericht aus dem KZ Wapniarka. Berlin, 1994

1.2 Herbert, Karl, Kirche zwischen Aufbruch und Tradition Entscheidungsjahre nach 1945. Stuttgart, 1989

1.3 Kammer, Otto, „Da werden wir wohl auch bald drankommen.“ Die Christdeutsche Jugendburg Hohensolms im Entscheidungsjahr 1933. Frankfurt/M., 1994

1.4 Brinkmann, Heinrich (Hrsg.), „Und dennoch…“: Hedwig-Burgheim-Medaille 1981-1993. Gießen, 1993

1.5 Gross, Raphael, November 1938. Die Katastrophe vor der Katastrophe, München, 2013

1.6 Gesellschaften für Christlich-Jüdische Zusammenarbeit – Deutscher Koordinierungsrat Frankfurt/Main e.V., Recht und Gerechtigkeit, Eröffnung der Woche der Brüderlichkeit und Verleihung der Buber-Rosenzweig-Medaille. Nürnberg 1990

1.7 Wenn nicht ich, wer? Wenn nicht jetzt, wann? Wenn nicht hier, wo? 10 Jahre Gesellschaft für christlich-jüdische Zusammenarbeit Dillenburg, Herausgeber: Gesellschaft für christlich-jüdische Zusammenarbeit, Dillenburg Redaktion: Bierig, Friedemann G., May, Hartmut und Münz, Dr. Christoph. Dillenburg, 1998

1.8 Sammlung der Reden anlässlich des nicht stattgefundenen Empfangs zum 90.Geburtstag und Ansprachen während der Trauerfeier in der Ev. Kirche zu Dillenburg. Die Sammlung befindet sich in der Vitrine der Stadthalle in Dillenburg, rot eingebundene Broschur.

2. Medien

2.1 Informationen zu den verliehenen Ehrungen, zu erwähnten Persönlichkeiten, u.a. durch Wikipedia

2.2 Tonbandaufzeichnung Radio Bremen: Sendung vom
9. Juni 1974 „Wapniarka“ u. Charlotte Petersen

2.2.1 A. J. Fischer, Zum 70. Geburtstag
einer Menschenfreundin

2.2.2 Ch. Petersen: Notizen von meiner
diesjährigen Israel-Reise

2.3 Zwei Interviews von Albrecht Thielmann mit
Charlotte Petersen, Tonbandaufnahme. Privatbesitz

2.4 Verwendete Artikel der Zeitschrift „Tribüne“,
Zeitschrift zum Verständnis des Judentums. Frankfurt/M.

2.4.1 Petersen, Charlotte: Hilfe für die Opfer von Wapniarka
(Das Gespräch führte Guntram Lenz). Heft 85 (1983), S. 172

2.4.2 Petersen, Charlotte, Novembertage 1938
Eine Besuchsreise nach der „Reichskristallnacht“.
Sonderdruck aus der Zeitschrift „Tribüne“, Heft 87 (1983)

2.4.3 Petersen, Charlotte, Eine Stätte weltweiten Gesprächs.
Das Martin-Buber-Haus in Heppenheim.
Heft 99 (1986), S. 52

2.4.4 Begegnungen in Israel.
Anmerkungen zu Gesprächen zwischen Juden
und Christen. Heft 103 (1987), S. 62

2.4.5 Ausschnitte aus der Gemeindezeitung „Unser Weg“,
herausgegeben in Dillenburg, Archivmaterial.
Originale nicht mehr vorhanden.

3. Vereinsprotokolle

3.1 Vorliegende Protokolle der Vorstandssitzungen des
„Hilfswerk Wapniarka Charlotte Petersen“ e.V. aus der
Zeit von 1994 bis zur Auflösung 2001.

3.2 Das „Hilfswerk Wapniarka Charlotte Petersen“ e.V.
Rückschau auf die Jahre von 1967 bis 2001,
verfasst durch Ilse Müller, November 2001.

Übersicht über die Personen, die bisher mit der Charlotte-Petersen-Medaille geehrt wurden

2001 - Professor Dr. Martin Stöhr, „für seine Verdienste um den christlich-jüdischen Dialog“.

2003 - Frau Dr. Thea Altaras, „die sich für die Erhaltung der Synagogen in Hessen eingesetzt hat“.

2005 - Frau Ursula Vollmer, Gründerin des Vereins Aguablanca, der in Herborn gegründet wird. Er unterstützt die Idee für ein landwirtschaftliches Projekt in den Bergen bei Cali (Kolumbien), welches den Kindern aus dem Elendsgebiet nahe bringen soll, dass Landflucht keine Lösung bietet. Die Arbeit entwickelt sich erfolgreich und wird vielseitig gefördert.

2007 - Herr Eckhard Scheld, Studiendirektor an der Wilhelm-von-Oranien-Schule, der „für sein Engagement für die Völkerverständigung zwischen Deutschland und den osteuropäischen Staaten“ geehrt wurde.

2009 - Rabbiner Dr. Henry G. Brandt. Er wurde geehrt „für seine Verdienste um die Verständigung zwischen Christen und Juden.“

2011 - Frau Monica Kingreen. Ihr wurde die Medaille „für ihren Einsatz in Erforschung und Weitergabe der Geschichte der Juden und jüdischen Gemeinden in Hessen“ verliehen.

2013 - Herr Hartmut Schmidt. In der Urkunde heißt es: „Mit der Auszeichnung...würdigen wir sein Engagement für eine lebendige Erinnerungs- und Gedenkkultur in Deutschland. So hat er mitgewirkt an dem Forschungsprojekt ‚Der Umgang der Evangelischen Kirche in Hessen und Nassau mit den Christen jüdischer Herkunft während der NS-Zeit‘, sowie an der daraus resultierenden Ausstellung ‚Getauft, ausgestoßen – und vergessen? Evangelische Christen jüdischer Herkunft‘. Ebenso beteiligte er sich...entscheidend an der ‚Initiative Stolpersteine Frankfurt/M e.V.‘ Diese und andere Aktivitäten haben ganz im Sinne von Charlotte Petersen wesentlich dazu beigetragen, Menschen ihren Namen und ein Gedächtnis zurück zu geben, die ausgelöscht werden sollten und millionenfach ermordet wurden.“

Weitere Veröffentlichungen
aus dem Albrecht Thielmann Verlag

Versuch –
Heimat zu beweisen
„ Hier hast Du
nichts verloren“
„ Oh doch“
Hier habe ich
meine Kindheit verloren
Hier habe ich
Vater und Mutter verloren
Hier habe ich
meine Unschuld verloren
Hier habe ich
meinen Mann verloren
Hier habe ich
meinen Glauben verloren
und die Geduld
Wieso also soll ich hier
nichts zu suchen haben
Hier will ich
meine letzte Ruhe finden

Toni und Ludwig
Eure Ehe
stand
unter einem
unguten Stern
Daß es
der Davidstern
war
ist nur
eine traurige
Metapher

Eisblumen damals
Hanne Vollmer

Gedichtband, Dillenburg, 2011
Verlag Albrecht Thielmann
ISBN: 3981319710

»Ich hatte immer dieses Brennen in mir.«

Die Aschaffenburger Lyrikerin Hanne Vollmer wurde 1930 geboren und bis 1945 als »undeutsch« behandelt. »Hier hast Du - nichts verloren - Oh doch - Hier habe ich meine Kindheit verloren.«

Hellwach für die Zerbrechlichkeit und Schutzbedürftigkeit von uns allen, dieser Sinn ist in ihr seit jener Angstzeit: »Wenn ich Deine Stimme / wieder höre / weiß ich / dass da / ein Netz ist /unter dem Seil, auf dem ich balanciere.«

www.albrechtthielmann.de

Vom Pfarrer Mathias Hirsekorn und seinen Leuten
Fritz Philippi

Dillenburg, 2013
Verlag Albrecht Thielmann
ISBN: 9783981319743

Fritz Philippi (1869-1933) tritt mit 28 Jahren in Breitscheid seine erste Pfarrstelle an. Erst hier in dem damals sehr abgelegenen Höhendorf wird er zum Dichter: »So macht Philippi in den Stunden seines Alleinseins mit sich im Breitscheider Pfarrhaus die Entdeckung, daß er ein Wort-Schöpfer ist, einer, dem es gegeben ist, das Leben, das ihn umringt, zur Sprache zu bringen«.

»Wir verdanken ihm eine der stärksten und bewegendsten Darstellungen ländlichen Lebens an der Schwelle des Industriezeitalters.« — Johann Peter, 2008

www.albrechtthielmann.de

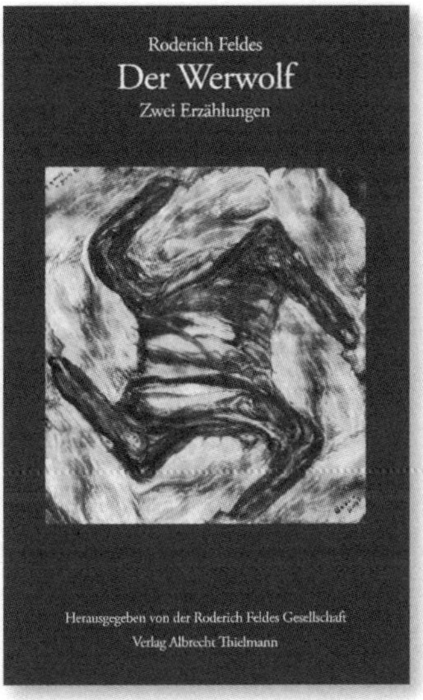

Der Werwolf
Roderich Feldes

Zwei Erzählungen, Dillenburg, 2012
Verlag Albrecht Thielmann
ISBN: 9783981319729

Wenn der Wohlstand kein Zuhause schafft, wenn Ehemänner auf Wände prallen! In den zwei Erzählungen vom Wohnen und Leben in den Neubausiedlungen der Dörfer erfahren wir, was dann geschieht. Wir erfahren von der brodelnden Gewalt, die »In einem toten Haus« zu einem befreienden Schlag führt, in der Geschichte vom »Werwolf« im tödlichen Rassismus endet.

Feldes zeigt hier wie kein anderer, dass er sich auskennt in den Ehen und Sitten von Wohlstandsbürgern und dass er benennen kann, was fehlt und was noch kommen kann.

www.albrechtthielmann.de

Etz bass off!
Eberhard Betz, Albrecht Thielmann

Ein Lese-, Hör- und Bilderbuch (inkl. 2 CDs)
Dillenburg, 2007
Verlag Buchhandlung Rübezahl
ISBN: 9783000230868

»Was da war und was heute ist.
Was einst fest schien, trägt nicht mehr.
Was hinter uns liegt, soll in Erinnerung bleiben. Was vor uns liegt, ist bedenklich. Mittendrin stehen wir und lachen dabei auch schon mal.«

Das umfangreiche Werk von Eberhard Betz und Albrecht Thielmann ist ein lebendiges Sprachmuseum der Dillkreis -Westerwaldregion. An vieles hier Erfahrene erinnert das Buch.

Eberhard Betz hat Gedichte auf Platt geschrieben und auf ‚fürnehm', ins Hochdeutsche, übersetzt. Seine Themen: Noo'm Kriich; Mamme; Mannsleu; Das veränderte Dorf; Jugend; Feste und Kultur; Sprüche; Kur; Reisen und Gesundheit; Abschied.

Zu seiner Herkunft stehen

Biografien und Berichte aus Dillkreis-Dörfern und Alt-Dillenburg, die Aufsätze von Martin Walser, Roderich Feldes und Albrecht Thielmann beschreiben Heimat in der Region, erzählen vom Dialekt: Was da war und was heute ist.

Hörbuch

Brunhilde Cuntz, Helmut Nix, Marianne Seibert, Annelie Geyer und Ulrich Betz sprechen die Gedichte auf zwei Hörbüchern.

Bilder

Reich illustriert durch Genrebilder des Grafikers und Malers Wilhelm Thielmann und des Malers Heinz Aubel entsteht ein Bild des dörflichen Alltagslebens

Die Wallfahrt
Hans Bender

2-CD Hörbuch
Es lesenAnnelie Geyer
und Hans Bender
Dillenburg, 2009 Rübezahl
ISBN: 9783981319705

Hans Bender gehört zu den bedeutenden Erzählern der Nachkriegszeit. Die Erzählungen, die Annelie Geyer für das Hörbuch gelesen hat, wurden zum Teil in zwanzig Sprachen übersetzt. Die Geschichte „Die Wallfahrt" wurde in den 1950er Jahren als die beste deutsche Erzählung gewertet.

Zum Inhalt einiger Erzählungen:

1. „La Paloma oder der Liebe Nahrung"
Die Hauptrolle spielt das Kind Hans, das viel von der Welt instinktiv erfasst. Seine Taten für die Liebe wirken mit Hilfe der Musik wundersam, auch wenn alles mit einer Großwäscherei endet: der schönste fliegende Teppich muss schließlich zurück auf den Boden

2. Die Wallfahrt
Hans Bender erzählt von der Wallfahrt einer Familie. Viel muss das Kind während dieser Wallfahrt aufnehmen in sein Bild von seinen Eltern: sie sind Menschen, sie tun auch Unerlaubtes, sie sind nicht nur Vater und Mutter

Aufzeichnungen –Tagebuch –gelesen von Hans Bender
Hans Bender über seine Aufzeichnungen: „Kurze Aufzeichnungen sind besser als lange. Einige Sätze, die etwas komprimieren und konzentrieren. Ich, der die Geschwätzigkeit hasst, darf selber nicht geschwätzig werden." Benders Aufzeichnungen, Gedichte und Vierzeiler stehen in einem inneren Zusammenhang mit den Erzählungen.